nuevo PRISMA

Curso de español para extranjeros

LIBRO DEL ALUMNO

NIVEL

A2

Equipo nuevo Prisma

Edi numen

nuevo Prisma

© **Editorial Edinumen**, 2013
© **Autores y adaptadores de nuevo Prisma, nivel A2:** Isabel Bueso y David Isa
© **Autores de los contenidos de fonética y ortografía:** Manuel Rosales y María Sabas
© **Autora de la prueba de examen del nivel A2:** Ruth Ponga
© **Autores de Prisma Continúa:** Raquel Blanco, Raquel Gómez, Silvia Nicolás, Carlos Oliva, Marisa Reig, María Ruiz de Gauna y Ruth Vázquez

Coordinadoras del nivel A2: María José Gelabert y Mar Menéndez

ISBN Libro del alumno: 978-84-9848-369-7
ISBN Libro del alumno con CD: 978-84-9848-370-3
Depósito Legal: M-5632-2017
Impreso en España
Printed in Spain

1.ª edición: 2013
1.ª reimpresión: 2014
Reimpresiones: 2015, 2016, 2017

Editorial Edinumen
José Celestino Mutis, 4. 28028 - Madrid
Teléfono: 91 308 51 42
Fax: 91 319 93 09
e-mail: edinumen@edinumen.es
www.edinumen.es

Coordinación pedagógica:
María José Gelabert

Coordinación editorial:
Mar Menéndez

Ilustraciones:
Carlos Casado

Diseño de cubierta:
Juanjo López

Diseño y maquetación:
Juanjo López, Carlos Casado y Sara Serrano

Impresión:
Gráficas Glodami. Madrid

Agradecimientos:
A Marta María Martín por sus aportaciones en la confección de algunas unidades.

Fotografías:
Foto pág. 8 por cortesía de José Vicente Ianni. Foto del rectorado de la ULA (pág. 27) por cortesía de Carlos Rolando González en http://www.flickr.com/photos/carlosrgm/3050147764/. Foto del trolebús de Santiago de los Caballeros, Mérida, Venezuela (pág. 27) por cortesía de Joanlink en Creative Commons (http://commons.wikimedia.org/wiki/File:Trolebus_de_merida.JPG). Fotos de la despedida de soltera (pág. 63) por cortesía de María Sabas. Foto de Alaska (pág. 74) por cortesía de Olvido en Creative Commons (http://commons.wikimedia.org/wiki/File:Olvido.jpg). Fotos de la movida madrileña (pág. 75) por cortesía de Susana Dubia. Fotos de imágenes curiosas (pág. 80) por cortesía de David Isa. Foto de la localidad de Umbralejo, Guadalajara (pág. 100) por cortesía de Xuanxu en Creative Commons (http://commons.wikimedia.org/wiki/File:Umbralejo_01.jpg). Foto del Hospital Universitario La Paz (pág. 112) por cortesía de Kadellar en Creative Commons (http://commons.wikimedia.org/wiki/File:Hospital_La_Paz.JPG). Fotos de Pedro Almodóvar (pág. 124) por cortesía de Roberto Gordo Sáez en Creative Commons (http://commons.wikimedia.org/wiki/File:Pedro-Almodovar-Madrid2008.jpg). Foto de Julieta Venegas (pág. 125) por cortesía de Aldogo23, en Creative Commons (http://commons.wikimedia.org/wiki/File:Julieta_Venegas.jpg). Foto de Pitbull (pág. 125) por cortesía de Eva Rinaldi, en Creative Commons (http://commons.wikimedia.org/wiki/File:Pitbull_%287906562418%29.jpg). Foto de la selección española sub-21 *La Rojita* (pág. 141) por cortesía de Henrik Alexandersen en Creative Commons (http://commons.wikimedia.org/wiki/File:Spain_national_under-21_football_team_2011.jpg). Foto de Thiago Alcántara (pág. 141) por cortesía de Henrik Alexandersen en Creative Commons (http://upload.wikimedia.org/wikipedia/commons/3/32/Thiago_Alc%C3%A2ntara_Spain_U21.jpg). Foto de Jessica Mathews, Huecco y David Villa (pág. 144) por cortesía de Huecco.

Extensión digital de *nuevo Prisma, nivel A2*: consulta nuestra **ELEteca**, en la que puedes encontrar, con descarga gratuita, materiales que complementan este curso.

ELEteca un espacio en constante actualización

La Extensión digital para el **alumno** contiene, entre otros materiales, prácticas interactivas de consolidación de contenidos, test de repaso, resúmenes gramaticales y todos aquellos recursos de apoyo al alumno en su proceso de aprendizaje.

La Extensión digital para el **profesor** contiene, entre otros materiales, transcripciones, material fotocopiable y material proyectable, así como diversos contenidos de apoyo a la labor docente: test de evaluación, actividades colaborativas (foros y wikis), apéndice de diálogos, pautas para llevar a cabo el trabajo en grupo cooperativo, etc.

Recursos del alumno:
Código de acceso
98483697
www.edinumen.es/eleteca

Recursos del profesor:
Código de acceso
Localiza el código de acceso en el
Libro del profesor

En el futuro, podrás encontrar nuevas actividades. **Visita la ELEteca**

Reservados todos los derechos. No está permitida la reproducción parcial o total de este libro, ni su tratamiento informático, ni transmitir de ninguna forma parte alguna de esta publicación por cualquier medio mecánico, electrónico, por fotocopia, grabación, etc., sin el permiso previo y por escrito de los titulares del copyright a excepción de aquellas páginas marcadas explícitamente como fotocopiables.

Cualquier forma de reproducción, distribución, comunicación pública o transformación de esta obra solo puede ser realizada con la autorización de sus titulares, salvo excepción prevista por la ley. Diríjase a CEDRO (Centro Español de Derechos Reprográficos) si necesita fotocopiar o escanear algún fragmento de esta obra (www.conlicencia.com; 91 702 19 70 / 93 272 04 47).

INTRODUCCIÓN

nuevo **PRISMA** es un curso de español estructurado en seis niveles: A1, A2, B1, B2, C1 y C2, tal y como se propone en el *Marco común europeo de referencia para las lenguas* (MCER) y acorde a los contenidos propuestos por el *Plan Curricular del Instituto Cervantes. Niveles de referencia para el español* (PCIC).

Con nuevo **PRISMA** · Nivel **A2**, el alumno podrá:

- Comprender frases y el vocabulario más habitual sobre temas de interés personal (información personal y familiar muy básica, compras, lugar de residencia, empleo).
- Captar la idea principal de avisos y mensajes breves, claros y sencillos y de textos informativos, instructivos, narrativos y descriptivos en presente, pasado y futuro.
- Leer textos breves y sencillos aplicando diferentes estrategias para conseguir la comprensión e interpretación de lo que necesita.
- Encontrar información específica y predecible en escritos sencillos y cotidianos como anuncios publicitarios, prospectos, menús y horarios y comprender textos sencillos en presente, pasado y futuro.
- Comunicarse en tareas habituales que requieren un intercambio simple y directo de información sobre actividades y asuntos cotidianos relacionados con el presente y el pasado.
- Realizar intercambios sociales comprendiendo lo suficiente como para mantener la conversación por sí mismo y reaccionar ante la intervención del interlocutor teniendo en cuenta el contenido de la comunicación no verbal.
- Utilizar una serie de expresiones y frases para describir con términos sencillos a su familia y otras personas, sus condiciones de vida, su origen educativo y su trabajo, en presente, pasado y futuro.
- Escribir notas y mensajes breves y sencillos relativos a sus necesidades inmediatas y escribir cartas personales, narraciones, descripciones e instrucciones, en presente, pasado y futuro.

Información para el profesor

El curso nuevo **PRISMA** está elaborado siguiendo el **enfoque comunicativo, orientado a la acción** y **centrado en el alumno**, tal y como recomienda el MCER, con el fin de fomentar el aprendizaje de la lengua para la comunicación en español dentro y fuera del aula. Este enfoque considera al estudiante como un **agente social** que deberá realizar tareas o acciones en diversos contextos socioculturales movilizando sus recursos cognitivos y afectivos.

En nuevo **PRISMA** se presta especial atención al desarrollo de una serie de técnicas y de **estrategias de aprendizaje y de comunicación** que contribuyen a que el alumno reflexione sobre su proceso de aprendizaje.

A lo largo de las unidades didácticas se podrán encontrar actividades especiales para el desarrollo específico del **trabajo cooperativo**, de modo que los alumnos trabajen juntos en la consecución de las tareas, optimizando su propio aprendizaje y el de los otros miembros del grupo, la **reflexión intercultural** y el conocimiento de diversos aspectos de la cultura del mundo hispano, con el fin de proporcionar a los estudiantes las herramientas necesarias para desenvolverse en un ambiente hispano en el que convergen diferentes culturas y diversas variantes del español. También se tiene en cuenta el **componente emocional** a través de propuestas que ayudan a crear un entorno de aprendizaje positivo y ayudan a aumentar la motivación.

Estas actividades vienen indicadas mediante las siguientes etiquetas:

Grupo cooperativo   **Intercultura**   **Cultura**   **Sensaciones**

nuevo **PRISMA** · Nivel **A2** consta de doce unidades didácticas y un examen final que reproduce la dinámica del **examen DELE A2** (Diploma de Español como Lengua Extranjera, del Instituto Cervantes) y que sirve tanto para evaluar los conocimientos adquiridos por los alumnos al término del libro, como para el entrenamiento en la dinámica y particularidades de este examen oficial.

Cada actividad viene precedida de dos iconos que indican, por un lado, la dinámica de la actividad, y por otro, la destreza que predomina en ella. Estos símbolos gráficos son los siguientes:

- Actividad para realizar individualmente.
- Actividad para realizar en parejas.
- Actividad para realizar en grupos pequeños.
- Actividad para realizar con toda la clase.
- Actividad de expresión e interacción orales.
- Actividad de comprensión oral.

- Actividad de expresión escrita.
- Actividad de comprensión lectora.
- Actividad de reflexión lingüística.
- Actividad de léxico.
- Actividad para el desarrollo de estrategias de aprendizaje y comunicación.

Para la realización de algunas actividades, se proporciona material fotocopiable complementario en la ELEteca. Puede acceder a este material solicitando el código de acceso en www.edinumen.es/eleteca/solicitudes.

ÍNDICE

7. CUENTA, CUENTA..................... 80

Contenidos funcionales
- Hablar de las circunstancias en las que se desarrolló un acontecimiento.
- Narrar sucesos e historias reales o ficticias.
- Describir rasgos y características físicas de personas, animales y cosas.
- Expresar sorpresa y desilusión. Lamentarse.
- Hacer cumplidos y responder.

Contenidos gramaticales
- Contraste pretérito imperfecto/ pretérito indefinido.
- *Estar* (pretérito imperfecto) + gerundio.
- Recursos lingüísticos para reaccionar en la conversación.
- *Es de/Está hecho de* + materia/ *Procede de* + artículo + sustantivo/ *Sirve para* + infinitivo.
- Recursos lingüísticos para narrar.

Tipos de texto y léxico
- Titular periodístico.
- Texto narrativo.
- Texto informativo: noticias.
- Entrevista radiofónica.
- Léxico relacionado con los cuentos: personajes y objetos mágicos.
- Adjetivos de descripción física y de carácter.

El componente estratégico
- Identificar expresiones de comunicación en un diálogo y aplicarlas a una tarea.
- Valorar el componente lúdico como parte del proceso de aprendizaje.
- Fijar elementos de un discurso como estrategia para determinar el orden del texto y facilitar la comprensión.

Contenidos culturales
- El cuento.
- Cuentos tradicionales y su origen.

Ortografía/Fonética
- Contraste de los sonidos /c/ y /z/.
- El ceceo y el seseo.
- Las normas de ortografía de *c* y *z*.

8. UN FUTURO SOSTENIBLE......... 92

Contenidos funcionales
- Hablar de acciones futuras.
- Hablar de acciones presentes o futuras que dependen de una condición.
- Hacer predicciones y conjeturas.
- Hacer promesas.
- Hablar del tiempo atmosférico.

Contenidos gramaticales
- Futuro imperfecto: formas regulares e irregulares.
- Expresiones temporales de futuro.
- *Si* + presente de indicativo + presente/futuro imperfecto.
- *Creo/imagino/supongo* + *que* + futuro imperfecto.
- *No sé si/cuándo/dónde* + futuro imperfecto.

Tipos de texto y léxico
- La convocatoria de concurso.
- Anuncios breves de viaje.
- Léxico relacionado con el reciclaje.
- Léxico relacionado con las actividades al aire libre.
- Léxico relacionado con el tiempo atmosférico.

El componente estratégico
- Agrupar formas verbales irregulares para su memorización.
- Planificación del aprendizaje: formulación de objetivos y metas para el futuro.
- El Portfolio de las Lenguas para evaluar el proceso de aprendizaje.

Contenidos culturales
- Ecología y medioambiente.
- Consumo responsable y reciclaje.
- El Amazonas.
- Arquitectura popular: los pueblos negros.
- Parques naturales: Picos de Europa y Doñana (España).

Ortografía/Fonética
- Los sonidos /f/ y /j/.

9. CON UNA CONDICIÓN......... 104

Contenidos funcionales
- Hacer hipótesis o expresar probabilidad sobre el pasado.
- Pedir y dar consejos y sugerencias.
- Expresar cortesía.
- Expresar un deseo de presente o futuro.
- Expresar una acción futura respecto a otra pasada.
- Preguntar por la salud y expresar estados físicos.
- Pedir una cita.

Contenidos gramaticales
- Condicional simple: morfología y usos.
- Revisión del verbo *doler*.
- Marcadores del discurso: conectores y estructuradores de la información.

Tipos de texto y léxico
- Twitter.
- Foro.
- Textos conversacionales.
- Textos descriptivos.
- Léxico relacionado con la salud.
- Léxico específico para dar consejos y hacer sugerencias.

El componente estratégico
- Inferir el significado de las palabras o expresiones de los hablantes en un diálogo, observando la actitud de los interlocutores.

Contenidos culturales
- La sanidad pública y la sanidad privada en España e Hispanoamérica.
- Comportamientos relacionados con el cuidado de la salud.

Ortografía/Fonética
- Los sonidos /n/, /ñ/, /ch/ y /y/.
- Los dígrafos *ch* y *ll*.
- Las letras *y* y *ll*.

Contenidos funcionales

- Saludar, responder al saludo y despedirse.
- Presentarse y presentar a alguien.
- Pedir y dar información sobre motivos y razones de aprendizaje.
- Expresar opiniones, actitudes y conocimientos con respecto al aprendizaje.
- Hacer recomendaciones con respecto al aprendizaje.
- Preguntar preferencias y expresar gustos. Valorar.
- Pedir y dar información personal.
- Organizar el discurso.

Contenidos gramaticales

- Revisión del presente de indicativo: verbos regulares e irregulares.
- ¿*Por qué/Para qué* + presente de indicativo?
- *Es útil/bueno/necesario* + infinitivo.
- *Para* + infinitivo.
- *Porque* + verbo conjugado.
- *Tener que* + infinitivo.
- *Poder* + infinitivo.
- Revisión de construcciones valorativas: *gustar, preocupar, molestar…*
- Nexos para la coherencia y cohesión textual.

Tipos de texto y léxico

- Textos dialógicos: interacciones con personas desconocidas.
- Presentaciones públicas.
- Conversaciones cara a cara informales sobre actividades cotidianas, tiempo libre, gustos e intereses.
- Entrevista de radio.
- Artículo de prensa.
- Léxico relacionado con el transporte.
- Léxico relacionado con el aprendizaje de una lengua.

El componente estratégico

- Relación de la tarea con las propias necesidades de comunicación.
- Motivación del aprendizaje del español a través de la identificación y descripción de situaciones en las que el español se emplea como vehículo de comunicación en el mundo.
- Observación sistemática en relación con el modo de afrontar el aprendizaje.
- Aplicación de diversas estrategias para aprender español de manera eficaz.

Contenidos culturales

- El tiempo de ocio de jóvenes y adultos en España.
- La contaminación en las grandes ciudades hispanoamericanas.

Ortografía/Fonética

- Fonemas vocálicos del español.
- Diptongos y triptongos.

---

1 ¿QUIÉN ERES?

> | 1 | ¿Qué te sugiere esta foto? ¿Quiénes crees que son estas personas? ¿Qué crees que están haciendo? Habla con tu compañero.

| 1.1. | Hoy es lunes y los nuevos alumnos de una escuela de español están haciendo un test de nivel. Carolina está hablando con una profesora en la prueba oral. Leed el diálogo y colocad estas expresiones en el lugar adecuado según vuestra opinión.

✕ te dedicas	✕ Soy de	✕ Soy	✕ vivo en
✕ buenos días	✕ me llamo	✕ trabajo en	✕ estudio
✕ Encantada de	✕ te llamas	✕ muy bien	✕ dónde eres

Inés: Hola, [1] ...., [2] .... Inés. [3] .... profesora de español y ahora vamos a hacer una prueba oral para saber exactamente tu nivel de español. ¿Qué tal? ¿Cómo estás?

Carolina: Hola, [4] ...., ¿y usted? Bueno… estoy un poco nerviosa.

Inés: Tranquila… Dime, ¿cómo [5] ....?

Carolina: Carolina Medeiros.

Inés: ¿De [6] ...., Carolina?

Carolina: [7] .... Brasil, de Minas Gerais, pero [8] .... São Paulo.

Inés: ¿A qué [9] ....? ¿Estudias? ¿Trabajas?

Carolina: Yo [10] .... Derecho Internacional en la Universidad de São Paulo, en Brasil. En verano [11] .... una empresa de alimentación.

Inés: ¿Y **por qué estudias español**, Carolina?

Carolina: Pues para trabajar en otros países. Me gusta hablar otras lenguas y el español es una lengua muy bonita, similar al portugués, por eso es fácil aprenderla. También viajo mucho con mis padres a otros países de Hispanoamérica y **tengo que hablar español porque quiero comunicarme con mis amigos de allí.** ¡Ah!, **iy para entender las canciones de Shakira y Chayanne que me encantan!** Para mí, escuchar canciones es muy útil para aprender lenguas.

Inés: Muy bien.

Carolina: Además… bueno… tengo un novio español; se llama Julio y es de Valladolid, así que **necesito hablar español porque él no habla portugués.**

Inés: ¡Qué interesante, Carolina! [12] .... conocerte y bienvenida a España.

Recuerda

✕ Para **saludar** y **responder** al saludo:
- ¡Hola!
- Buenos días/Buenas tardes/noches.
- ¿Qué tal?/¿Cómo está/s?
- Muy bien, ¿y tú/usted?

✕ Para **presentarte** y **presentar a alguien**:
- *Me llamo/Soy* + nombre, ¿y tú/usted?
- *Mira/Mire/Mirad, este/a es* + nombre.
- *Te/Le/Os presento a (mi amigo/a)* + nombre.

✕ Para **responder a una presentación**:
- Hola, ¿qué tal? (informal)
- Me alegro de conocerte/le.
- Encantado/a.
- Mucho gusto. (formal)

✕ Para **preguntar por información personal**:
- ¿Cómo te llamas/se llama usted?
- ¿De dónde eres/es usted?
- ¿Dónde vives?
- ¿A qué te dedicas/se dedica usted?

✕ Para **responder por información personal**:
- *Me llamo/Soy* + nombre.
- *Soy de* + lugar.
- *Vivo en* + lugar.
- *Soy* + profesión/Estudio…
- *Trabajo en* + lugar de trabajo.

| **1.2.** | 🌐 🔊 Escuchad y comprobad vuestras respuestas.

| **1.3.** | 🌐 ⚙️ Fíjate en las frases en negrita del diálogo y completa las razones de Carolina para aprender español.

Carolina estudia español...

Para ....

....

Porque ....

....

| **1.4.** | 🌐 ⚙️ Ahora lee el cuadro, pregúntale a tu compañero sus motivos para aprender español y anota sus respuestas.

Pedir y dar información sobre motivos y razones para hacer algo

● ¿**Para qué** estudias español?

○ *Estudio español* + **para** + infinitivo:

—*Estudio español* **para** *trabajar en otros países.*

Respuesta de tu compañero:

—

● ¿**Por qué** estudias español?

○ *Estudio español* + **porque** + verbo conjugado:

—*Estudio español* **porque** *me gusta hablar otras lenguas.*

Respuesta de tu compañero:

—

| **1.5.** | 🎴 ➕ ¿Cuáles son las razones más importantes para estudiar una segunda lengua? Habla con tus compañeros y escribid en la pizarra las cinco más votadas. Después, en parejas, buscad en Internet situaciones en las que se utiliza y se necesita hablar español en el mundo.

2 ¿CÓMO APRENDES ESPAÑOL?

> | **1** | ⚓ 💬 Todas estas personas están aprendiendo español. Habla con tu compañero y describid cómo lo están haciendo.

1 .... 2 .... 3 ....

| **1.1.** | 🌐⚙️ Fijaos en el siguiente cuadro y completadlo.

Expresar opiniones, actitudes y conocimientos. Hacer recomendaciones

✗ Para **expresar opiniones y actitudes** sobre **el aprendizaje** puedes usar:

			chatear con amigos españoles.
• **Para mí** es	(muy) útil		
• **En mi opinión** es	+	(muy) bueno	+
• **Pienso que** es	necesario		

✗ Para **hacer recomendaciones** sobre **el aprendizaje** puedes usar:

• **Tienes que**
• **Puedes** ⎤ + infinitivo + *para* + infinitivo.

– **Tienes que** *leer textos para aprender vocabulario.*
– **Puedes** *cantar canciones para practicar la pronunciación.*
– **Tienes que** *tener un cuaderno de ejercicios para practicar.*

| **1.2.** | 🌐🌐 Vamos a conocer la opinión de la clase. Haz las preguntas de este test a un compañero y marca sus respuestas en las casillas correspondientes. Luego, anota qué estrategias utiliza para aprender eficazmente.

Y tú, ¿cómo aprendes?

	Sí	No	No sé / No estoy seguro/a
1 ¿Para ti es útil escuchar la radio, ver la televisión...?	☐	☐	☐
2 ¿En tu opinión es necesario utilizar un diccionario bilingüe?	☐	☐	☐
3 ¿Piensas que es bueno hacer intercambios con estudiantes españoles?	☐	☐	☐
4 Sus estrategias:			

| **1.3.** | 🌐🌐 Poned en común los resultados de las preguntas del ejercicio anterior y preparad entre todos un póster para colgar en la clase con las diez mejores recomendaciones para aprender español.

El decálogo del estudiante de español

> **2**  Vamos a conocernos mejor. Formad equipos, leed la presentación personal de esta profesora y seguid las pautas.

Me llamo Marta Egido Savater y soy la profesora de español de nivel A2. Tengo 27 años y vivo en un piso muy pequeño en el centro de la ciudad, cerca de la Plaza Mayor. Me gustan mucho las mascotas y tengo una gata que se llama Nimi y un perro que se llama Yako. Vivo con mi pareja, Arturo, que es ingeniero informático. Los martes y los jueves vengo a la escuela en autobús y, cuando salgo de clase, suelo hacer algo de deporte, unos días voy a nadar y otros voy al gimnasio. También hago yoga los fines de semana. Entre semana, Arturo y yo salimos poco porque nos levantamos muy pronto para trabajar y no podemos acostarnos tarde, pero los fines de semana damos una vuelta con amigos, vemos una película en el cine o salimos a cenar a un restaurante asiático donde tienen una comida exquisita que nos encanta, así que el sábado por la noche duermo poco. El domingo por la mañana hago muchas cosas en casa y por la tarde prefiero descansar. Por la noche pedimos una pizza y nos sentamos tranquilamente a ver nuestra serie de televisión favorita que empieza a las diez.

1 Vuestro profesor os dará unas tarjetas en las que debéis completar las formas correctas del presente de indicativo regular. ¡Vamos a ver qué equipo es el primero en tenerlas todas!

2 Subrayad todos los verbos en presente de indicativo del texto y separadlos en regulares e irregulares.

Verbos regulares	Verbos irregulares

3 Comprobad si tenéis los mismos verbos y clasificad los irregulares en la columna correspondiente. Un estudiante de cada equipo revisará los resultados y otro los escribirá en la pizarra. Comprobad si el resultado es el mismo en todos los equipos.

Irregularidades vocálicas E>IE, O>UE, E>I	Irregularidades en 1.ª persona	Más de una irregularidad	Otras irregularidades
suelo (soler)	salgo (salir)	tengo (tener)	soy (ser)

 Fíjate

Los verbos como *pedir, servir, despedir, repetir, vestirse, reírse...* tienen una irregularidad vocálica que consiste en transformar la *e* del infinitivo en *i*:

	Pedir		
Yo	p**i**do	Nosotros/as	pedimos
Tú	p**i**des	Vosotros/as	pedís
Él/ella/usted	p**i**de	Ellos/ellas/ustedes	p**i**den

4 Formad parejas y escribid una presentación de vuestro compañero como la de Marta. No olvidéis añadir a la información personal, los motivos y razones por los que estudia español y sus recomendaciones para aprender mejor una lengua.

5 Mezclad las presentaciones, elegid una al azar y leedla al resto de la clase. ¿Podéis adivinar de quién es?

> | 3 | Observa a estos alumnos, ¿quién dice qué? Hay dos frases de más. Localízalas y, después, comprueba tu respuesta con tus compañeros.

1 ___ Más tranquila. Ahora domino la conjugación del presente de los verbos en español.

2 ___ ¡Uf, muy nerviosa! ¡Hay tantos verbos irregulares!

3 ___ ¡Bua, aburrida! Todo esto ya lo conozco.

4 ___ ¡Aterrorizado! No voy a aprender esto en la vida.

5 ___ ¡Genial! ¡Ahora puedo hablar mucho mejor!

6 ___ Frustrado. Creo que el presente de indicativo es muy difícil de aprender.

| 3.1. | Y tú, ¿cómo te sientes en tu primer día de clase? Habla con tus compañeros y, luego, escribe una frase para reflejar tu estado de ánimo.

. . . .

3 ¿CÓMO TE DIVIERTES?

> | 1 | Observa las fotos, ¿qué hacen estas personas?

| 1.1. | ¿Qué opináis de estas afirmaciones sobre el tiempo de ocio de los españoles? Decidid entre todos si son verdaderas o falsas.

<table>
<tr><td></td><td>verdadero</td><td>falso</td></tr>
<tr><td>**1** Todos los españoles se divierten de la misma manera, no importa su edad. . . . .</td><td>V</td><td>F</td></tr>
<tr><td>**2** Los jóvenes españoles prefieren cenar fuera de casa. . . . .</td><td>V</td><td>F</td></tr>
<tr><td>**3** Los jóvenes y los adultos lo primero que hacen cuando salen es ir a cenar a un restaurante. . . . .</td><td>V</td><td>F</td></tr>
<tr><td>**4** Todos los españoles van en coche cuando salen los fines de semana. . . . .</td><td>V</td><td>F</td></tr>
</table>

Lee el resultado de una encuesta sobre el ocio de los españoles. ¿Te sorprende? Comenta con tu compañero la información que aparece.

Según los datos proporcionados por la empresa PREGUNTEL, sobre una encuesta realizada en varias ciudades españolas, la forma de divertirse de los jóvenes y de los adultos es muy diferente.

Tanto unos **como** otros prefieren, generalmente, salir a quedarse en casa. La diferencia está en la hora de volver. Los adultos suelen retirarse sobre las dos o tres de la mañana, **en cambio**, muchos jóvenes optan por quedarse hasta mucho más tarde, **así que** la mayoría suele cenar en casa y salir después para gastar menos en comida y poder ir a varios sitios a tomar algo.

Los de treinta en adelante prefieren ir a cenar con los amigos a un restaurante, o bien tapear en diferentes bares. **En primer lugar**, porque son independientes económicamente y, **en segundo lugar**, porque buscan la tranquilidad y la diversión de una buena conversación con sus amigos de siempre. **Por esta razón**, suelen reunirse a eso de las nueve, tomar algo en un bar y después ir al sitio donde van a cenar.

En invierno, en las ciudades, nos encontramos, **por un lado**, a los jóvenes, en locales de zonas peatonales que permiten ir de bar en bar sin andar mucho y, **por otro lado**, a los adultos, a los que no les importa ir en coche y que prefieren estar en un solo sitio más tranquilo, **es decir**, un lugar para poder charlar y pasar una noche agradable.

También hay muchos jóvenes y adultos que optan por el cine o quedarse en casa, **aunque** casi siempre hay un día del fin de semana para salir.

En definitiva, jóvenes y adultos pasan su tiempo de ocio de distinta manera, **pero** lo que sí es cierto es que la mayoría de los españoles sale a la calle a divertirse. ■

| **2.1.** | Hay palabras que sirven para organizar y unir el discurso. Se llaman *nexos* o *conectores*. En la encuesta anterior aparecen en negrita. Fíjate en su clasificación y añade los nexos que están debajo en su lugar correspondiente.

Organizar el discurso

✗ Para **comenzar el discurso** o **texto escrito**:
Según, *para empezar*

✗ Para **añadir información**:
También, *ademas, asisimo*

✗ Para **introducir** una **idea contraria** o una **objeción**: *Sin embargo*
Aunque, pero, ~~por el contrar~~

✗ Para **argumentar** nuestras ideas o añadir una **consecuencia**: *de esta manera*
Por esta razón, así que, ~~por tanto~~

✗ Para **aclarar información**:
Es decir, *o sea*

✗ Para **ordenar** las **ideas**:
En primer lugar..., en segundo lugar...; por un lado..., por otro lado...; *por una parte por otra parte*

✗ Para **comparar ideas**:
Tanto... como, en cambio, *por el contravio*

✗ Para **finalizar** el **discurso** o **texto escrito**:
En definitiva, *finalmente en resumen*

✗ ~~por una parte... por otra parte~~   ✗ asimismo   ✗ ~~finalmente~~   ✗ ~~sin embargo~~
✗ ~~de esta manera~~   ✗ ~~o sea~~   ✗ en resumen   ✗ ~~para empezar~~
   ✗ ~~por el contrario~~   ✗ ~~por tanto~~   ✗ además

> | **3** | 🔗 🌐 Yasuko y Marcus están hablando sobre el resultado de la encuesta anterior, pero hay cosas que no han entendido bien. ¿Podéis corregirlas con la información del texto?

Los españoles prefieren quedarse en casa en su tiempo libre.

Todos los españoles salen a cenar fuera de casa.

Los jóvenes en España salen hasta las dos o las tres de la mañana y los adultos vuelven a casa mucho más tarde.

Los mayores de treinta prefieren cenar en casa y después salir con sus amigos.

|| **Intercultura** ||

> | **4** | 👤 🔵🍃 Escribe una breve redacción (100-150 palabras) sobre lo que hace la gente en tu país para divertirse utilizando los conectores que has aprendido. Tu profesor la corregirá y después podrás leerla al resto de la clase.

---

4 ¿QUÉ TE GUSTA?

> | **1** | 🔗 🌐 ¡Dime qué coche prefieres y te diré quién eres! Fíjate en las personas de las fotos. A todas les encanta conducir cada día para ir a su trabajo. Mirad las fotos y decidid qué tipo de coche prefiere cada una de ellas. Luego escribid una justificación de vuestra elección para cada personaje.

Ejemplo:
- El primero es deportista y a los deportistas les encantan los coches muy caros.
- No, seguro que prefiere uno sencillo y práctico.

Es deportista y seguro que le gustan los coches caros. Su coche es el número 2 porque…
gana mucho dinero

ella maneja esa caro porque ella trabaja en negocios y nececitas un caro practica

[>]| **2** | 👤🔊 Escucha esta entrevista de radio en la que estas cuatro personas hablan sobre sus preferencias para ir a su trabajo. Completa los cuadros y comprueba los resultados de la actividad anterior.

👉 ¿Quién es?
1 MARIO
2 BENITO
3 CARLA
4 SONJA

👉 ¿A qué se dedica?
1 deportista
2 granero
3 ejecutiva
4 estudiante

| **2.1.** | 👤🔊 Vuelve a escuchar y completa la tabla con la información que han dado los personajes de la entrevista.

	🔴 Mario	🗨 Benito	🔴 Carla	🔴 Sonja
¿Le gusta su trabajo?	SI	NO	SI	SI
¿Cuántas horas trabaja?	12 horas	No tiene horario		
¿Dónde trabaja?	gymnasio computacion	en la finca		despacho de abogados
¿Cómo va cada día a trabajar?	coche		coche grande y comodo	coche simple

| **2.2.** | 👥🗨 Ahora que ya sabéis quién conduce estos coches, ¿os han sorprendido los resultados? ¿Qué os parecen las respuestas de los cuatro personajes? Preparad una presentación de un minuto explicando con quién os identificáis y por qué. Comentadla con el resto de la clase.

| Intercultura |

[>]| **3** | 👥🗨 ¿Prefieres el transporte público o el privado? ¿Qué medio de transporte utilizas normalmente en la ciudad donde vives? ¿Te preocupa la contaminación de tu ciudad? Habla con tus compañeros y compara lo que hace la mayoría de la gente en tu país con lo que conoces de España.

| **3.1.** | 👤📖 Lee este artículo de prensa sobre la calidad del aire en ciudades de Hispanoamérica y contesta a las preguntas.

Fíjate

Si lees las preguntas antes que el texto, es más fácil localizar la información relevante.

1 Según la OMS, ¿en qué parte del planeta existen serios problemas de contaminación del aire?

2 ¿Por qué piensas que conducir en Montreal puede ser más placentero que en México?

3 ¿Qué medio de transporte prefieren utilizar en las ciudades hispanoamericanas?

4 ¿Qué problema agrava la situación en algunas ciudades?

5 ¿Puedes explicar la expresión: *tomar cartas en el asunto*?

Según el Departamento de Salud Pública y Medioambiente de la Organización Mundial de la Salud (OMS), el 75 por ciento de la población de América Latina y el Caribe vive en áreas urbanas con serios problemas de calidad del aire, lo que aumenta los índices de mortalidad. Conducir en México D.F. es una pesadilla, mientras que hacerlo en Montreal puede resultar un placer. El principal problema es que la gente prefiere viajar en coche a utilizar los medios de transporte públicos y, como sabemos, los vehículos son una de las principales causas de contaminación en las ciudades, y uno de los principales culpables de las emisiones de gases de efecto invernadero que causan el calentamiento global.

Analizadas 17 ciudades hispanoamericanas, la mayoría iguala el máximo de contaminación aconsejado por la OMS, y hay 8 ciudades que están por encima de ese máximo. En algunas ciudades estos problemas se agravan por la geografía de su región, bien porque están rodeadas de montañas, como Santiago de Chile, o en una depresión del terreno, como Ciudad de México. Por eso, hay veces que es difícil mejorar la calidad del aire cuando la geografía y el clima están en contra. No obstante, el principal problema es el tráfico de coches. Obviamente, uno, como usuario, puede contribuir utilizando el transporte público, pero sin políticas de los gobiernos y conciencia global no sirve de mucho, ya que hay ciudades en las que el transporte público no es suficiente para todos sus ciudadanos. Claramente, los gobiernos tienen que tomar cartas en el asunto. ■

| **3.2.** | Comparad vuestras respuestas y justificadlas con el texto.

>| **4** | ¿Recuerdas la forma del verbo *gustar*? Es un verbo especial que, generalmente, se conjuga en tercera persona. Hay bastantes verbos que tienen la misma estructura: *encantar, apetecer, interesar, molestar, preocupar...* Fíjate en los ejemplos, analízalos y completa el cuadro.

Los verbos como *gustar*

(A mí)		ME	gusta	
(A ti)		te	preocupa +	• infinitivo
(A él/ella/ Vd.)	(no)	LE	molesta	• nombre en SINGULAR
(A nosotros/as)		nos	gustan	
(A VOSOTROS/AS)		os	preocupan +	• nombre en PLURAL
(A ellos/ellas/ustedes)		les	molestan	

– A usted le gusta el transporte público.

– A vosotras os preocupa mucho el cambio climático.

– Me molestan los ruidos.

| **4.1.** | Forma frases con las siguientes palabras.

1 Yo/preocupar/la contaminación ..... *me preocupa la contaminacion*

2 Ellos/gustar/el transporte público ..... *ellos gustan el transporte público*

3 Ustedes/encantar/ir en metro ..... *Ustedes lesencantan ir en metro*

4 Nosotros/no interesar/los coches ..... *Nosotros no nos interesan los coches*

5 ¿Tú/apetecer/dar un paseo/bici? ..... *Tu apeteces dar un paseo en bici*

>| **5** | Escribe tu opinión personal sobre el tema de la contaminación y el transporte. ¿Qué situación hay en tu ciudad? Puedes utilizar los verbos del cuadro de la actividad anterior.

el ~~su~~ calentamiento global es una problema muy seria en mi ciudad, los caros, autobuses, y otros medios de transporte ~~añada~~ aumenta el peligro y causa muchos problemas ambiental.

| **5.1.** | ¿Qué podéis hacer vosotros? Pensad en recomendaciones para mejorar la calidad del aire en una gran ciudad. Escribidlas en la pizarra y votad las cinco mejores.

andar por autobus, reducir ~~a~~ ~~gles~~ los emigiones de gas

>| **6** | Ahora que ya conoces a tus compañeros, presenta a uno de ellos: por qué y para qué estudia español, cómo aprende, cómo se divierte, cómo se mueve por su ciudad, qué le gusta...

5 ▸ LAS VOCALES

>| **1** | Fíjate en los dibujos, especialmente en el espacio azul que está encima de la lengua. Luego, escucha y repite.

| 3 |

1 a, e, i, o, u

2 i, o, e, u, a

3 o, a, i, u, e

i   u

e   o

a

Fíjate

En la vocal **a**, el espacio entre la lengua y el paladar es mayor. En las vocales **e** y **o** este espacio es menos abierto. Por último, en las vocales **i** y **u** se cierra mucho más.

>| **2** | Con lo que has aprendido, completa el cuadro.

Las vocales en español

| Abierta | Medias | Cerradas |

○   ○ **o**   ○ **u**

>| 3 | 👤 🌐 Lee la información, escucha la pronunciación de los diptongos y triptongos y repite.

Diptongos y triptongos

- ✗ Un **diptongo** es la unión de dos vocales. Cuando se produce esta unión, las dos vocales se pronuncian en la misma sílaba.

- ✗ 🔊 Hay tres tipos de diptongos:
  | 4 |
  - *ia*, *ie*, *io*, *ua*, *ue*, *uo* (vocal cerrada + vocal abierta).
  - *ai*, *au*, *ei*, *eu*, *oi*, *ou* (vocal abierta + vocal cerrada).
  - *iu*, *ui* (dos vocales cerradas).

- ✗ Un **triptongo** es la unión de tres vocales. Cuando se produce esta unión, las tres vocales se pronuncian en la misma sílaba.

- ✗ 🔊 El esquema siempre es:
  | 5 |
  - vocal cerrada + vocal abierta + vocal cerrada: *uai*, *uau*, *iai*, *iau*, *uei*, *iei*, *ioi*.

- ✗ Los diptongos *ai*, *ei*, *oi* y los triptongos *uai*, *uei* se escriben *ay*, *ey*, *oy*, *uay*, *uey* a final de palabra: *hay*, *rey*, *voy*, *Uruguay*, *buey*.

>| 4 | 👤 🔊 Todas estas palabras contienen diptongos y triptongos. Subráyalos y, luego, escucha y repite
    | 6 | las palabras.

✗ bien	✗ estudiante	✗ lengua	✗ iniciáis	✗ boina	✗ idioma
✗ miau	✗ guau	✗ aire	✗ Eugenia	✗ juicio	✗ individuo
✗ radio	✗ duermo	✗ guay	✗ monstruo	✗ comerciáis	✗ muela
✗ autobús	✗ oigo	✗ reina	✗ antiguo	✗ aliada	✗ causa
✗ buey	✗ cuida	✗ viuda	✗ vieira	✗ cuaderno	✗ colegio

¿Qué he aprendido?

1 Describe brevemente tus razones para aprender español utilizando los conectores que conoces.

....

....

2 Escribe, según tu opinión personal, tres cosas que crees que debes mejorar para aprender español.

....

....

....

3 Contesta a las siguientes cuestiones sobre la unidad.

	Sí	Bastante	Un poco
1 He conocido nuevos aspectos de la gramática, pero sobre todo me ha ayudado a consolidar mis conocimientos gramaticales.	◯	◯	◯
2 He aprendido palabras nuevas que me han ayudado a expresarme de una manera más fluida y me permitirán hablar de más temas.	◯	◯	◯
3 He conocido algunos aspectos socioculturales que desconocía de España y de Hispanoamérica.	◯	◯	◯
4 He trabajado en grupo con mis compañeros y me ha ayudado bastante a intercambiar conocimientos y experiencias.	◯	◯	◯

2 ME LO PASÉ GENIAL, ¿Y TÚ?

Contenidos funcionales

- Establecer comunicación telefónica y reaccionar.
- Hablar de acciones puntuales en el pasado.
- Valorar una experiencia o viaje realizado en el pasado.
- Establecer similitudes y diferencias.
- Lenguaje verbal y no verbal para expresar sentimientos.

Contenidos gramaticales

- Pretérito indefinido: morfología (formas regulares e irregulares) y usos.
- Marcadores temporales de pretérito indefinido.
- Revisión de oraciones interrogativas directas con los pronombres y adverbios interrogativos para pedir información.
- Preposiciones: *a*, *en* y *de*.

Tipos de texto y léxico

- Conversación telefónica formal e informal.
- Redes sociales: Facebook.
- Folleto turístico.
- Léxico para describir ciudades.
- Formación de sustantivos y adjetivos a partir de un verbo.

El componente estratégico

- Estrategias de reflexión sobre el propio aprendizaje referido a contenidos lingüísticos.
- Deducción de léxico a partir del infinitivo de los verbos.

Contenidos culturales

- Gestos y expresiones relativos a las funciones comunicativas.
- Salamanca, Alcalá de Henares, Santiago de Compostela (España).
- Santiago de los Caballeros de Mérida (Venezuela).

Ortografía/Fonética

- El hiato.

---

1 ¡QUÉ TARDE! NO LLEGAMOS...

> | 1 | A continuación os damos las frases de una conversación telefónica desordenada. Ponedlas en el orden correcto.

A | 8 | No se preocupe, no hay ningún problema. Dejo un aviso en la escuela de esquí. ¡Buen viaje!

B | 2 | Sí..., buenos días, ¿puedo hablar con el monitor de esquí, Antonio Delgado, por favor?

C | 1 | Hotel Puente Baqueira, buenos días, ¿dígame?

D 5 | Espere un momento, por favor.

E 7 | Hola, soy Ricardo Vázquez. Mire, es que tenemos una reserva para un curso de esquí a mi nombre para cuatro personas y llamo para avisarle de que llegaremos más tarde de las ocho. Lo siento mucho.

F 6 | Buenos días, soy Antonio Delgado, ¿en qué puedo ayudarle?

G 3 | ¿De parte de quién?

H 4 | Me llamo Ricardo Vázquez.

La conversación telefónica

En una conversación telefónica se usan las siguientes estructuras:

✗ Para **responder** al teléfono:
- ¿**Sí**?
- ¿**Dígame**?

✗ Para pedir a una persona que **se identifique**:
- ¿Quién lo/la llama?
- ¿**De parte de quién**?

✗ Para **identificarse**:
- Soy...
- Me llamo...

✗ Para **preguntar por una persona**:
- ¿Está...?
- ¿Puedo hablar con...?

✗ Para pedir a una persona que **espere**:
- (Espere) un momento, por favor.

| 1.1. |  Escucha y comprueba el orden de la conversación.
|7|

| **1.2.** | Mantén una conversación telefónica con tu compañero siguiendo las pautas.

> **Alumno A**

- Quieres alojarte en el hotel Sol de Valencia. Llama por teléfono para reservar una habitación.
- Trabajas en la escuela de español Prisma. Eres el/la recepcionista. Un alumno llama preguntando por un profesor.

> **Alumno B**

- Eres el/la recepcionista del Hotel Sol de Valencia. Un cliente llama para reservar una habitación. Haz la reserva.
- Eres un/a alumno/a de la escuela de español Prisma. Quieres hablar con tu profesor, Matías Ruiz.

Grupo cooperativo

> **2** Haz las siguientes preguntas a tus compañeros y formad parejas según coincidáis en las respuestas. Después, seguid las pautas.

1. ¿Te gusta hablar por teléfono? . . . .

2. ¿Has hablado por teléfono alguna vez en español? . . . .

3. ¿Qué dificultades tienes en una conversación telefónica en otra lengua? . . . .

4. Además del teléfono, ¿qué medios usas para comunicarte con tus amigos y familiares? . . . .

5. ¿Crees que el teléfono puede sustituir a una conversación cara a cara? . . . .

1. Cada pareja debe elegir una de estas situaciones en las que se habla por teléfono, ponerle un título y pasarla a la pareja que trabaja a su derecha.

2. Ahora, con la foto elegida por vuestros compañeros y su título, debéis escribir un breve diálogo que represente esa situación y pasárselo a la pareja de vuestra derecha.

3. Con la ayuda del profesor, corregid el diálogo que os dan vuestros compañeros.

4. Ahora devolved el diálogo corregido. ¡Ha llegado el momento de la representación! Cada uno debe aprender su parte del diálogo y representarla.

5. Entre toda la clase valoraréis cuál ha sido el mejor título, el mejor diálogo y la mejor representación de todas, y elegiréis a los ganadores.

>| **1** | ¿Qué sabéis de las redes sociales? ¿Son útiles? ¿Cuál o cuáles utilizáis vosotros?

| **1.1.** | Vas a escuchar una información estadística sobre el uso de las diferentes redes sociales en el mundo. Escucha y completa la tabla. Luego, comprueba tus respuestas con tus compañeros. ¿Cuál es el uso de estas redes en tu país?

RED SOCIAL				
Número de usuarios en el mundo				
Número de usuarios en España				

>| **2** | Ricardo tiene una cuenta en Facebook y colgó esta foto en su muro después de sus vacaciones en la nieve. Leed los comentarios de sus amigos y, después, fijaos en los verbos en negrita. ¿A qué tiempo hacen referencia: presente, pasado o futuro?

○○○   Facebook

facebook   Busca personas, lugares y cosas

Ricardo ha añadido una fotografía a su biografía
Fin de semana de esquí en Baqueira (Lleida).

Me gusta · Comentar · Compartir · 1 de noviembre, 23:25

Ana ¡Qué vista tan bonita! Eh, ¿cuándo **hiciste** esa foto? ¿Dónde **estuviste**? ¿Con quién **fuiste**? Cuenta, cuenta…
Me gusta · Compartir · 2 de noviembre, 09:12

Ricardo **Fue** hace dos semanas. **Fuimos** Elena, Javier, Lucía y yo a Lérida en coche para esquiar en la estación de Baqueira. Llegamos bastante tarde. **Tuvimos** un tiempo estupendo, **hizo** mucho sol. Nos **alojamos** muy cerca de las pistas y **pudimos** esquiar los cuatro días. ¡**Estuvo** genial, Ana!
Me gusta · Compartir · 2 de noviembre, 13:09

Javier Ana, ¡te lo **perdiste**! **Esquiamos**, nos **bañamos** en la piscina del hotel y **salimos** de fiesta todas las noches.
Me gusta · Compartir · 3 de noviembre, 10:36

Elena La verdad es que lo **pasamos** de maravilla. **Dimos** una vuelta por los alrededores. Ricardo **quiso** ver el palacio de hielo… ¡Ah!, y **comimos** en un restaurante la típica olla aranesa. **Hicimos** un montón de cosas. ¡**Fue** estupendo!
Me gusta · Compartir · 3 de noviembre, 11:03

Ana Pues yo **estuve** en Córdoba con mi familia. Por cierto, que mi hermano Pedro se **puso** enfermo y se **pasó** los tres días en el hotel.
Me gusta · Compartir · 3 de noviembre, 13:18

Ricardo ¡Vaya! ¡Qué mala suerte! La próxima vez tienes que venir con nosotros. Te **echamos** de menos.
Me gusta · Compartir · 3 de noviembre, 16:22

Ana ¡Síííííííí! La próxima vez no me lo pierdo. ¡Seguro! ¡Qué envidia! ;-)
Me gusta · Compartir · 3 de noviembre, 17:01

Las formas verbales se refieren al ....

| **2.1.** | 👤 👥 Vuelve a leer el texto, fíjate en los ejemplos y elige las palabras adecuadas para completar el cuadro.

Uso del pretérito indefinido

✗ Con el pretérito indefinido el hablante se refiere al ☐ **pasado** / ☐ **presente**.
Estas acciones están ☐ **terminadas** / ☐ **no terminadas**.

✗ Marcadores temporales que se pueden usar con pretérito indefinido:

- Anoche/Ayer/El otro día…
- Hace dos meses/dos días/semanas…
- El fin de semana/mes/año/verano… pasado/La semana pasada.
- En el año…

    – *El año pasado nevó mucho todo el invierno.*   – *Ayer estuve con ella y me lo contó todo.*

    – *El mes pasado fui cuatro veces a la peluquería.*   – *Volvimos a España en el año 2000.*

| **2.2.** | 👤 👥 Ahora, escribe las formas verbales que están en negrita en el texto en la columna que corresponda. Piensa si el verbo en pretérito indefinido es regular o irregular.

Verbos regulares

Forma verbal	➡	Infinitivo
pasamos	➡	pasar

Verbos irregulares

Forma verbal	➡	Infinitivo
hiciste	➡	hacer

| **2.3.** | 🌐 👥 Ahora lee la información y completa las formas que faltan del indefinido irregular. Puedes utilizar algunos de los verbos de la actividad anterior. Después, compara los resultados con tu compañero.

Pretérito indefinido: verbos regulares

✗ Verbos **regulares**:

	✗ Verbos en –*ar* ✗	✗ Verbos en –*er* ✗	✗ Verbos en –*ir* ✗
	Pas**ar**	Com**er**	Sal**ir**
Yo	pas**é**	com**í**	sal**í**
Tú	pas**aste**	com**iste**	sal**iste**
Él/ella/usted	pas**ó**	com**ió**	sal**ió**
Nosotros/as	pas**amos**	com**imos**	sal**imos**
Vosotros/as	pas**asteis**	com**isteis**	sal**isteis**
Ellos/ellas/ustedes	pas**aron**	com**ieron**	sal**ieron**

- Los verbos en –*er* / –*ir* tienen las mismas terminaciones.

- La forma *nosotros/as* de los verbos regulares en –*ar* e –*ir* coincide con el presente de indicativo correspondiente:

    – *Nosotros trabajamos todos los días hasta las 18h.*   – *Todos los fines de semana salimos al campo.*

    – *La semana pasada trabajamos hasta las 20h.*   – *Ayer salimos a cenar y fuimos a la discoteca.*

CONTINÚA »

✗ Verbos **irregulares**:

	✗ Ser / Ir ✗	✗ Estar ✗	✗ Querer ✗	✗ Venir ✗	✗ Tener ✗
Yo	fui	estuve	quise	vine	tuve
Tú	fuiste	estuviste	quisiste	[4]	tuviste
Él/ella/usted	fue	estuvo	quiso	vino	tuvo
Nosotros/as	[1]	estuvimos	quisimos	vinimos	[5] ....
Vosotros/as	fuisteis	[2]	quisisteis	vinisteis	tuvisteis
Ellos/ellas/ustedes	fueron	estuvieron	[3]	vinieron	tuvieron

	✗ Poder ✗	✗ Poner ✗	✗ Dar ✗	✗ Hacer ✗	✗ Ver ✗
Yo	pude	puse	di	hice	vi
Tú	pudiste	pusiste	[8]	hiciste	viste
Él/ella/usted	[6]	[7]	dio	[9]	vio
Nosotros/as	pudimos	pusimos	dimos	hicimos	vimos
Vosotros/as	pudisteis	pusisteis	disteis	hicisteis	visteis
Ellos/ellas/ustedes	pudieron	pusieron	dieron	hicieron	[10] ....

Fíjate

✗ Los verbos [11] .... e [12] .... comparten las mismas formas en el pretérito indefinido.

✗ La forma **hay** del presente del indicativo del verbo *haber* es **hubo** en pretérito indefinido.

| **2.4.** | 👤 👥 Completa el texto con el verbo más adecuado en la forma correcta de pretérito indefinido.

✗ ser   ✗ ~~estar~~ (2)   ✗ encantar   ✗ bañar   ✗ ~~alquilar~~   ✗ poder
✗ pasar   ✗ ~~dar~~   ✗ ~~salir~~   ✗ ~~llegar~~   ✗ poner   ✗ ir

Una vez mis amigos y yo ....*estuvimos*.......... en una isla paradisiaca. El viaje en avión [1] ....*fue*.......... interminable, ¡12 horas!, pero valió la pena. [2] *salimos* .... de Madrid con 3 ºC y lloviendo, y durante los siete días que *pasamos* .... en la isla el tiempo fue maravilloso. Nada más llegar, [4] .....*alquilamos*..... un coche y [5] .....*dimos*..... una vuelta por la isla. Nos [6] .....*pasamos*.....: tranquilidad, vegetación, mar, playa… Una vez que [7] ......*llegamos*...... al hotel, nos *fuimos encantó* .... el bañador y nos [9] ....*bañamos*.... en la piscina. Ese primer día no [10] ......*podimos*...... ir a la playa, era muy tarde, pero después [11] .....*fuimos*..... todas las mañanas. ¡ [12] .....*pasamos*..... unos días maravillosos! ■

> | **3** | 🌍 🗣 Pregúntale a tu compañero por un viaje especial que ha hecho en su vida. Antes, completa el cuestionario con las preguntas adecuadas según el dato que aparece señalado en la columna de la izquierda. Luego preguntaos y contestad por turnos, tomando notas.

1 (Destino del viaje: dónde)

¿Dónde fuiste? | *el fue al portugal*

2 (Fecha)

¿Quando tiajaste? | *el viajó hace 5 años*

3 (Medio de transporte)

¿Que transporte cojiste? | *el fue de avion*

CONTINÚA »

4 (Duración del viaje)

¿Cuanto tiempo duro? .... el viaje duro dos semanas

5 (Miembros del viaje, acompañantes)

¿Con quién fuiste? .... viajó con su novia

6 (Alojamiento)

¿Donde te le alojaste? .... alojó en la casa de un amigo

7 (Comidas)

¿Que comidan comiste? .... comió un plato especial + bacalau a·bras

8 (Itinerario del viaje)

¿Qué ciudades o pueblos visitaste? .... visito lisbo solo, y al rededor de españa

9 (Lugares turísticos o de interés)

¿Que viste? .... vio un monumento de los conquistadores

10 (Valoración del viaje)

¿Cómo lo pasaste? .... lo paso muy agradable

Recuerda

✗ La preposición **a** indica destino, dirección, movimiento hacia un lugar:
  – *Ayer fui **a** casa de mi madre y estuvimos juntos toda la tarde.*

✗ La preposición **en** indica lugar (sin movimiento) o medio de transporte:
  – *Mis hijos están **en** el instituto.*
  – *Vine de Sevilla **en** tren, **en** el AVE, una maravilla, solo dos horas y media.*

✗ La preposición **de** indica el origen de un movimiento:
  – *Salimos **de** casa después de desayunar.*

| **3.1.** | Ahora que tienes toda la información sobre el viaje que hizo tu compañero, debes contarlo en un máximo de 100 palabras. Después, él lo leerá para comprobar que su historia es correcta.

[>]| **4** | 🎴 ✚ Marca las opciones adecuadas según tu opinión. Luego comparte tus opiniones con tus compañeros.

1 He deducido el uso del pretérito indefinido…
- ○ **a.** porque es parecido al de mi lengua materna.
- ○ **b.** por el contexto.
- ○ **c.** por la ayuda de mi compañero.

2 Para resolver las actividades de práctica:
- ○ **a.** he tenido delante el cuadro de las formas verbales.
- ○ **b.** me he aprendido las formas y luego he tratado de resolver las actividades sin mirar el cuadro.
- ○ **c.** he hecho las actividades y solo he consultado el cuadro si tenía dudas.

3 Para aprender los contenidos lingüísticos, es mejor…
- ○ **a.** que lo explique el profesor.
- ○ **b.** deducir las reglas a través de las actividades.
- ○ **c.** leer las explicaciones de una gramática.

4 Para practicar los contenidos lingüísticos, prefiero…
- ○ **a.** hacer actividades para hablar o escribir usando los contenidos.
- ○ **b.** hacer ejercicios para completar las formas verbales.
- ○ **c.** repetir muchas veces las formas verbales o estructuras.

3 CIUDADES UNIVERSITARIAS

[>]| **1** | ⚓ 🔊 Vas a escuchar parte de una conversación telefónica entre Miguel y su amiga Lucía en la que
|9| le cuenta cómo fue su llegada a Salamanca y qué hizo los primeros días. Luego, con tu compañero, responde a las preguntas.

1 ¿Cómo y cuándo intentó Lucía comunicarse con Miguel?
2 ¿Cuánto tiempo hace que Miguel vive en Salamanca?
3 ¿Cómo llegó a Salamanca?
4 ¿Por qué crees que está en esta ciudad?
5 ¿Qué cosas creéis que hicieron Miguel y sus amigos los primeros días de su estancia?

| **1.1.** | 🎴 🔊 Escuchad el final de la conversación y comprobad vuestras respuestas. ¿Habéis coin-
|10| cidido?

| **Cultura** |

[>]| **2** | ⚓ 🎴 Aquí os ofrecemos dos folletos informativos con la descripción de dos ciudades estudiantiles:
Salamanca (España) y Santiago de los Caballeros de Mérida (Venezuela). Antes de leer, completad el cuadro y definid las palabras. Podéis utilizar el diccionario.

Infinitivo	*Definición*	*Sustantivo*	*Participio*
fundar		la fundación	
		la declaración	
situar			
bautizar	Poner un nombre a alguien o algo.		bautizado/a
			creado/a

La ciudad dorada

Vista panorámica de Salamanca.

Convento de San Esteban, Salamanca.

En Salamanca se encuentra la universidad más antigua de Europa, fundada en 1218, la USAL. La ciudad fue declarada Patrimonio de la Humanidad en 1988. Entre sus monumentos destacan las dos catedrales, la nueva y la vieja, la Casa de las Conchas y la Plaza Mayor, entre otros. Pero la característica más importante de Salamanca es ser una ciudad estudiantil. Situada a orillas del río Tormes, Salamanca tiene aproximadamente 200 000 habitantes, la mayoría estudiantes que acuden desde diversos puntos geográficos a estudiar en una universidad con 800 años de antigüedad. Es casi obligatorio buscar la rana situada sobre un cráneo que se encuentra en la fachada de la universidad. Una antigua tradición salmantina asegura que, quien logra descubrirla, aprueba sus estudios y se casa.

Por la noche, empieza la marcha en Salamanca. La animada noche salmantina consiste en ir de local en local para probar las tapas o pinchos típicos y divertirse.

Texto adaptado de www.20minutos.es/noticia/804460/0/salamanca/ciudad/universitaria/

La ciudad de Mérida

La ciudad de Santiago de los Caballeros de Mérida es el mayor centro estudiantil y turístico de Venezuela y la principal localidad de los Andes venezolanos. La ciudad recibió su nombre por su fundador, Juan Rodríguez Suárez, quien la bautizó de este modo en honor a su ciudad natal, Mérida, en Extremadura, España. Es la ciudad universitaria por excelencia del país. La Universidad de Los Andes (ULA) se creó en 1785. Es una ciudad joven y vanguardista y, por ello, tiene una gran oferta de ocio, cultural, deportiva, comercial y tecnológica. La ciudad tiene cafés, restaurantes, cines, teatros, bares y discotecas de todos los ambientes y estilos. En ella se celebran numerosos conciertos y festivales, como el Festival de Teatro Universitario, el Festival de Rock Andino y el Encuentro Mundial de Orquestas Sinfónicas Universitarias (EMOSU). Tiene, además, un gran atractivo turístico: el teleférico más alto y el segundo más largo del mundo. Un moderno sistema de transporte masivo llamado *Trolebús de Mérida*.

Texto adaptado de http://es.wikipedia.org/wiki/Merida_(Venezuela)

Rectorado de la ULA.

Trolebús de Mérida.

	Salamanca	Mérida
1 La ciudad está situada a orillas del río Tormes.	☐	☐
2 El trolebús es un medio de transporte turístico.	☐	☐
3 Tiene la universidad más antigua de Europa.	☐	☐
4 La Casa de las Conchas es un lugar de interés turístico y cultural.	☐	☐
5 La ciudad está en los Andes venezolanos.	☐	☐
6 ULA significa Universidad de Los Andes.	☐	☐
7 Por la noche se pueden tomar diferentes tipos de tapas.	☐	☐
8 Es una ciudad antigua pero vanguardista.	☐	☐
9 Tiene uno de los teleféricos más altos y largos del mundo.	☐	☐
10 Los estudiantes aprueban con seguridad si encuentran la rana de la universidad.	☐	☐

2.2. Comentad las similitudes y diferencias de las dos ciudades estudiantiles.

> Fíjate
>
> Se parecen/Se diferencian en que...

> **3**  Vais a elaborar un folleto sobre otras dos ciudades universitarias españolas: Santiago de Compostela (Galicia) o Alcalá de Henares (Madrid). Leed la información y elegid una de ellas.

Santiago de Compostela, Galicia

× Situada en el noroeste de España en la provincia de A Coruña, Galicia.

× Fundada en el siglo IX, después de encontrar allí la tumba del apóstol Santiago.

× Destino final de los peregrinos del Camino de Santiago.

× Declarada Patrimonio de la Humanidad por la Unesco en 1985.

× Monumentos: catedral, conventos, iglesias, pazos...

× Universidad de Santiago de Compostela (USC). Fundada en 1495 por Lope Gómez de Marzoa, una de las más antiguas de España, con más de 30 000 estudiantes y más de 60 titulaciones.

× Gastronomía típica de Galicia a base de pescados, mariscos y carne.

× Amplia agenda cultural y de ocio debido a su carácter turístico y universitario.

Alcalá de Henares, Madrid

× Situada en la comunidad de Madrid, es la segunda ciudad con más población de esta comunidad.

× Fundada por los romanos con el nombre de *Complutum*.

× Declarada Patrimonio de la Humanidad por la Unesco en 1998.

× Monumentos: universidad, plaza de Cervantes, casa natal de Cervantes, calle Mayor, Corral de Comedias, catedral...

× Universidad de Alcalá de Henares (UAH). Fundada en 1499 por el Cardenal Cisneros, antecesora de la actual Universidad Complutense de Madrid.

× En su paraninfo[1] se entregan cada año los premios Cervantes de Literatura.

× Gastronomía típica castellana. Numerosos bares de tapas y restaurantes.

× Gran actividad cultural y de ocio debido a su carácter universitario.

[1]El paraninfo es el salón de actos de una universidad.

> El folleto turístico
>
> × El folleto turístico es un texto informativo que sirve para dar a conocer lugares de interés.
>
> × Contiene títulos y/o subtítulos claros y atractivos.
>
> × El texto destaca los aspectos más interesantes del lugar de manera breve: ubicación, historia, monumentos y lugares de interés, cultura, ocio...
>
> × Incluye fotografías que sirven para dar a conocer sus lugares más importantes.
>
> × Se puede acompañar el texto y las fotografías con diagramas o dibujos.

| **3.1.** | Ahora, seguid las pautas.

1. Ampliad en Internet los datos y la información de la ciudad elegida.
2. Buscad imágenes que ilustren la información.
3. Prestad atención al cuadro en el que se resumen las características del folleto turístico.
4. Escribid, finalmente, el folleto. Para ello, podéis seguir los modelos que aparecen en la actividad 2.1.

| **3.2.** | ¿Qué ciudad de las anteriores elegiríais para estudiar? ¿Conocéis alguna ciudad parecida? ¿Estudiasteis en alguna? ¿Qué puntos en común tienen todas?

4 ¿EL MEJOR VIAJE DE MI VIDA?

> | **1** | Observad lo que le pasó al amigo de Ana en su último viaje. Mirad las viñetas y ordenad las frases que cuentan la anécdota del viaje. ¿Creéis que tuvo una experiencia positiva o negativa?

1. [ ] Mi maleta salió la última.
2. [ ] Llegué al hotel y deshice la maleta y...
3. [ ] Salí de casa, cogí un taxi, pero encontré un atasco tremendo.
4. [ ] Llegué tarde al aeropuerto y perdí mi vuelo.
5. [ ] Tuve que comprar otro billete.

| **1.1.** | Fíjate en las expresiones de este cuadro y, junto a tu compañero, valora el viaje del amigo de Ana.

Valorar una actividad o periodo de tiempo en pasado

- ✗ Para valorar un viaje o una experiencia **positivamente** o **negativamente**:
  - **Ser** maravilloso/fantástico/inolvidable/horrible/aburrido:
    - *Fue un viaje inolvidable/aburrido...*
  - **Pasarlo** genial/de miedo/de maravilla/fatal/mal:
    - *Lo pasamos de maravilla/fatal en el viaje...*

| **1.2.** | Piensa en el mejor/peor momento de tu vida relacionado con los viajes. Haz una lista de varias cosas que te pasaron. Luego, se lo explicas a tus compañeros valorando tus experiencias.

Ejemplo:
- *El mejor momento fue cuando mi madre me llevó a Bilbao a ver el concierto de Shakira. Lo pasamos genial.*
- *El peor día... Cuando perdí el pasaporte en mi viaje a Egipto. ¡Qué mal lo pasé!*

> **2** Vuelve a mirar las viñetas de la actividad 1. ¿Te has fijado en la expresión de la cara y los gestos del protagonista? Completa el cuadro con tu compañero y, luego, comparad cada gesto en español con los de vuestras lenguas respectivas.

- ✗ ¡Es increíble! He perdido el vuelo.
- ✗ ¡Uf! ¡Esta maleta no llega nunca!
- ✗ ¡Qué desesperación!
- ✗ ¡Estoy harto!
- ✗ ¡Qué bien!

En español

El gesto expresa	Expresión verbal que puede utilizarse
A desesperación	....
B sorpresa	*¡Es increíble!*
C enfado	....
D alegría	....
E impaciencia	....

En tu lengua

	A	B	C	D	E
• El gesto significa lo mismo.	☐	☐	☐	☐	☐
• El gesto tiene otro significado.	☐	☐	☐	☐	☐
• Existe otro gesto para transmitir esta expresión.	☐	☐	☐	☐	☐
• No existe este gesto.	☐	☐	☐	☐	☐

2.1. Elige un sentimiento de los anteriores (desesperación, impaciencia...) y haz el gesto que le corresponde en español. Tu compañero tiene que adivinar qué te pasa.

> **3** Muchas veces asociamos los recuerdos del pasado con momentos del presente. ¿Con qué momento de tu vida asocias tu experiencia con el aprendizaje de español? ¿Es satisfactorio y agradable? ¿Lo asocias con algo que te desagrada?

Ejemplo:

Cuando aprendo el vocabulario y consigo hablar con facilidad, tengo la sensación de deslizarme por una pista de esquí, como cuando era pequeña y esquiaba con mis padres.

5 EL HIATO

> **1** Lee la información del cuadro. Escucha con atención y repite las palabras que están debajo.

El hiato

- ✗ La **sílaba tónica** de una palabra es la que se pronuncia con más fuerza. Una **sílaba átona** se pronuncia con menos intensidad que la tónica.
- ✗ El hiato es un grupo de dos vocales seguidas que se pronuncian en sílabas diferentes:
  - *aa, ee, ii, oo* (dos vocales iguales).
  - *ae, ao, ea, eo, oa, oe* (dos vocales abiertas distintas).
  - *a, e, o + í, ú* (vocal abierta + vocal cerrada tónica).
  - *í, ú + a, e, o* (vocal cerrada tónica + vocal abierta).
- ✗ Las combinaciones *uu* y *ou* son muy raras en español y apenas existen palabras que las contienen.

- ✗ Saavedra, lee, antiincendios, cooperante.
- ✗ aéreo, mahonesa, chatear, geografía, boa, cohete.
- ✗ país, Raúl, vehículo, Seúl, oído, día, ríe, pío, púa, acentúen, dúo.

PAÍS	RAÚL	ZOO	LEER	PEATÓN
OÍDO	TOALLA	FREÍR	RÍO	ALBAHACA
POSEER	ALCOHOL	BÚHO	BACALAO	HÉROE
CAÍ	FILOSOFÍA	AHOGO	TÍA	MARÍA

> | **3** | Escucha y clasifica las palabras en la columna correspondiente. | 13 |

Recuerda

✗ La *h* intercalada (entre dos vocales) no impide la formación de un hiato o un diptongo.

✗ En los hiatos, si la vocal tónica es una *i* o una *u*, siempre llevan tilde.

> **Diptongo**

> **Triptongo**

> **Hiato**

¿Qué he aprendido?

1 ¿Creéis que hablar de viajes ha sido una buena forma de practicar el pretérito indefinido? ¿Qué otros temas se os ocurren con el mismo fin?

2 Escribe una expresión para:
- Responder al teléfono ..... X ..... Soy Amelia, Dígame → Dígame!
- Identificarse ..... Hola, Soy Amelia
- Preguntar por una persona ..... ¿Buenos días, quiero hablar con el director?
- Pedir a una persona que se identifique ..... ¿Con quién estoy hablando?, "De parte de quién"
- Pedir a una persona que espere ..... Espere un momento por favor, Un momento, ahora se pone

3 Completa las frases con la forma correcta del pretérito indefinido.
1. Ayer no (poder, yo) ..... pude ..... llamarte.
2. Nosotras no (tener) ..... tenimos ..... ninguna oportunidad.
3. ¿(Ver, vosotros) ..... visteis ..... el partido?
4. ¿Quién (venir) ..... vino ..... a verte ayer?
5. ¿Dónde (poner, tú) ..... pusiste ..... las llaves?

4 ¿Para qué te sirve conocer los gestos y las expresiones? ¿Crees que es necesario?

5 Contesta a las siguientes cuestiones sobre la unidad.

	Sí	Regular	No
1 He podido deducir muchos contenidos gramaticales a través de las actividades.	○	○	○
2 Puedo entender el contenido general de las audiciones la primera vez que las escucho.	○	○	○
3 Los cuadros que sistematizan los contenidos me ayudan a aprenderlos fácilmente.	○	○	○

6 En esta unidad:
- lo más difícil es .....
- lo que más me gusta es .....
- tengo dificultad con el vocabulario de .....

3

¡QUÉ DÍA HEMOS TENIDO!

Contenidos funcionales
- Hablar del pasado reciente.
- Expresar acciones pasadas en un tiempo presente.
- Dar información y hablar de acciones y experiencias en las que no interesa marcar el tiempo.

Contenidos gramaticales
- Morfología del pretérito perfecto: participios regulares e irregulares.
- Marcadores temporales: *hoy*, *esta mañana*, *hace unos minutos*…
- Pronombres de objeto directo e indirecto.

Tipos de texto y léxico
- Blog: diario personal.
- Texto expositivo.
- Léxico relacionado con los tipos de familia.
- Léxico relacionado con sensaciones y sentimientos.
- Léxico relacionado con las actividades cotidianas.
- Léxico relacionado con los robos.

El componente estratégico
- Selección de estrategias que facilitan el propio aprendizaje.
- Los marcadores del discurso como estrategia para una exposición argumentativa.
- Estrategias para hacer una exposición oral.
- El uso del diccionario para la autocorrección.

Contenidos culturales
- La familia en la España actual: tipos de unidades familiares.
- Beca Erasmus.

Ortografía/Fonética
- El sonido /r/.

---

1 · Y TÚ, ¿QUÉ HAS HECHO?

> | 1 | 🗣️ 🔊
| 14 |
Estos son los miembros de la familia Hernández. Es jueves y mañana esta familia se va de viaje de fin de semana. Esto es lo que han hecho esta tarde. Escucha y ordena las imágenes de cada uno según las mencionan.

| 1.1. | 🗣️ 🔊 Vuelve a escuchar y completa estas frases extraídas del diálogo.
| 14 |

1 ¿Qué habéis [1] ...hecho... esta tarde, chicos?

2 [2] ...hemos... jugado al fútbol y también hemos [3] ...hecho... los deberes.

3 Y tú, ¿qué [4] ...has... hecho?

4 [5] ...he... ido de compras y hace un rato [6] ...he... chateando con Laura.

5 He [7] ...hi hecho... un montón de trabajo.

6 Ya [8] ...he echa... hecho la cena.

| 1.2. |  Analizad las frases anteriores y elegid la opción correcta.

1 Se expresan acciones **pasadas** ☐ / **presentes** ☐ / **futuras** ☐.

2 Se expresan acciones **terminadas** ☐ / **no terminadas** ☐.

3 Se expresan en un periodo de tiempo relacionado con:
el **pasado** ☐ / **presente** ☐ / **futuro** ☐.

4 Se usa un tiempo verbal **simple** ☐ / **compuesto** ☐.

| 1.3. | Este tiempo verbal se llama pretérito perfecto. Lee el cuadro y comprueba tus respuestas. Luego, completa su conjugación.

El pretérito perfecto

✕ El pretérito perfecto es un tiempo compuesto del pasado que expresa acciones **pasadas** y **terminadas** dentro de un periodo de tiempo **presente**. Cuando el hablante usa este tiempo verbal sitúa las acciones pasadas dentro o cerca del presente:

– *He visto a María y me ha dicho que hoy ha tenido muchísimo trabajo.*

✕ Por este motivo, es frecuente encontrar el pretérito perfecto acompañado de los siguientes marcadores temporales: *esta mañana, esta noche, este mes, este año, hoy, últimamente, hace un rato:*

– *Esta semana he comido con mis amigas.*   – *¿Qué ha hecho tu padre hoy?*

✕ El pretérito perfecto se forma con el verbo[1] .... en presente y el participio del verbo principal.

✕ **Verbos regulares:**

	Presente de *haber*	✕ Verbos en *–ar* ✕ Jug**ar**	✕ Verbos en *–er* ✕ Ten**er**	✕ Verbos en *–ir* ✕ Sal**ir**
Yo	[1] ...... *he*	jug**ado**	ten**ido**	sal**ido**
Tú	[2] ...... *has*	jug**ado**	ten**ido**	sal**ido**
Él/ella/usted	ha	jug**ado**	ten**ido**	sal**ido**
Nosotros/as	[3] ...... *hemos*	jug**ado**	ten**ido**	sal**ido**
Vosotros/as	[4] ...... *habeis*	jug**ado**	ten**ido**	sal**ido**
Ellos/ellas/ustedes	han	jug**ado**	ten**ido**	sal**ido**

● Formación del participio regular:

– Verbos que terminan en *–ar* ➜ *–ado*: jug**ar** ➜ jug**ado**.

– Verbos que terminan en *–er/–ir* ➜ *–ido*: ten**er** ➜ ten**ido**, sal**ir** ➜ sal**ido**.

✕ **Verbos irregulares:**
● Los participios irregulares más comunes son:

hacer ➜ **hecho**	romper ➜ **roto**	ver ➜ **visto**	cubrir ➜ **cubierto**	escribir ➜ **escrito**
volver ➜ **vuelto**	poner ➜ **puesto**	decir ➜ **dicho**	abrir ➜ **abierto**	morir ➜ **muerto**

✕ El participio de los verbos compuestos es **invariable** en género y en número:

– *Carlos ha comido carne con patatas.*   – *María y Marta han comido carne con patatas.*

Fíjate

Este uso del pretérito perfecto no es general en todo el mundo hispanohablante: en el norte de España y en la mayoría de países hispanoamericanos se usa en su lugar el pretérito indefinido:

– *¿Qué comiste hoy?*

| **1.4.** | 👤 ⚙️ Completa las frases utilizando el pretérito perfecto.

1. Maite no (comer) _ha comido_ hoy. Está enferma.
2. Enrique y Julia (volver) _han vuelto_ de vacaciones este sábado.
3. ¿Quién (romper) ~~he rompido~~ el vaso? _ha roto_
4. ¡Qué sorpresa! Los chicos (hacer) _han hecho_ la comida y (poner) _han puesto_ la mesa.
5. Nosotros (abrir) _hemos abrido_ la ventana porque hace mucho calor.

Grupo cooperativo

> **2** 👥 💭 Habla con tus compañeros y decidid dónde tenéis que colocar los marcadores temporales en esta línea del tiempo desde el pasado hasta ahora. Después, seguid las pautas.

- ✗ ~~este fin de semana~~ ✗ ~~hace cinco minutos~~ ✗ ~~esta tarde~~ ✗ ~~esta semana~~ ✗ ~~este invierno~~
- ✗ ~~este mes~~ ✗ ~~este año~~ ✗ ~~este verano~~ ✗ esta mañana ✗ ~~este lunes~~

Este año → este verano → esta semana → este lunes → esta tarde

este invierno → este mes → este fin de semana → esta mañana → hace cinco minutos

1. Formad grupos y nombrad a un delegado. Decidid entre todos en qué meses del año en curso tienen que colocarse los marcadores temporales según la fecha de hoy. El delegado debe decidir si son correctas las posiciones que habéis elegido y escribirlas en el calendario.

2. El profesor os entregará unas tarjetas. Repartidlas entre los miembros del equipo.

3. En parejas, preguntaos qué habéis hecho utilizando los marcadores temporales que aparecen en las tarjetas. Escribid las respuestas.

4. El delegado de cada equipo es el encargado de colocar las tarjetas en el lugar que corresponda en el calendario.

5. Después, ponéis en común todos los calendarios elaborados y comentáis lo que vuestros compañeros han hecho durante este año. ¿Qué grupo ha sido el más activo?

Cultura

> **3** 👥 💭 ¿Sabéis qué son las becas Erasmus y en qué consisten? Aportad toda la información que tenéis entre todos y, luego, leed el siguiente texto para confirmarla.

El proyecto Erasmus

La **beca** o **programa ERASMUS**, como también se la conoce, es el acrónimo del nombre oficial que se le da en inglés: *European Region Action Scheme for the Mobility of University Students* o, lo que es lo mismo, el *Plan de Acción de la Comunidad Europea para la Movilidad de Estudiantes Universitarios*.

La beca Erasmus es, por tanto, un dinero que se le da a estudiantes y profesores universitarios de la Unión Europea para estudiar en los países adscritos al plan (diferente al país de origen del solicitante). Estos países son, además de los Estados miembros de la Unión Europea, los tres países que forman parte del Espacio Económico Europeo, es decir: Islandia, Liechtenstein y Noruega. Además, existen también acuerdos con Suiza y Turquía.

En http://www.becaerasmus.com

|3.1.| Mila tiene una beca Erasmus y estudia en Grenoble, Francia. Lee lo que les ha escrito a sus amigos en su blog. Subraya todas las acciones que ha realizado en el día de hoy.

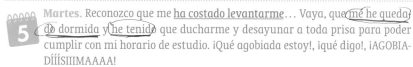

¿Y SE PUEDE SABER QUÉ HAS HECHO HOY?

Publicado por Mila Rodríguez
Blog Erasmus Grenoble, Grenoble, Francia

5 **Martes.** Reconozco que me ha costado levantarme… Vaya, que me he quedado dormida y he tenido que ducharme y desayunar a toda prisa para poder cumplir con mi horario de estudio. ¡Qué agobiada estoy!, ¡qué digo!, ¡AGOBIA-DÍÍÍSIIIMAAAA!

He comido con los niños y con la *nunú* (como llaman aquí a la persona que cuida a los niños, y que en este caso es una señora mayor). Hoy hemos tenido una invitada (Rocío, colombiana, ¡habla español!) y gracias a sus traducciones he conseguido comunicarme con Cristal (la nunú). Hemos hablado tanto que Rocío y yo hemos perdido el autobús para llegar a las clases de francés… ¡Mal empezamos! Como no hemos podido entrar en clase, hemos tomado un cafecito… (Aviso para navegantes: los mejores cafés de Grenoble en la segunda cafetería a la izquierda de la placita, enfrente del Notre-Dame Musée).

¡Y qué ilusión! He montado en el *tram* (el tranvía de aquí) y he conocido a dos españoles. El único problema es que ha sido todo tan rápido que no recuerdo sus nombres… ¿Lo último que me han dicho? "Ven este viernes por la tarde a la Casa de España. ¡Te esperamos!". Ya he estado algunas veces pero no los he visto nunca.

Si digo que os echo de menos, ¿me repito mucho?

Adaptado de: http://erasmusu.com/es/erasmus-grenoble/blog-erasmus/y-se-puede-saber-que-has-hecho-hoy-130621

|3.2.| Imaginad que hoy es viernes por la noche, Mila ha ido a la Casa de España y se ha encontrado a los dos españoles. Escribid, en colaboración, la página del blog que corresponde al viernes. Podéis seguir el modelo del texto anterior.

Publicado por Mila Rodríguez
Blog Erasmus Grenoble, Grenoble, Francia

 Viernes. *¡Qué suerte he tenido! Resulta que he ido a la Casa de España…*

 Para escribir en colaboración

✗ Poneos de acuerdo en los contenidos del escrito.

✗ Haced un esquema con los contenidos y el orden que les queréis dar.

✗ Confeccionad un borrador siguiendo el esquema.

✗ Leed el borrador y haced las rectificaciones y cambios que consideráis necesarios.

✗ Escribid el texto definitivo.

| 3.3. | Después de haber escrito un texto en colaboración con tu compañero, reflexiona sobre esta experiencia. Subraya las opciones más adecuadas.

1 ¿Cómo te has sentido?

○ estresado/a ○ confiado/a ○ alegre ○ nervioso/a ○ inseguro/a
○ seguro/a ○ tranquilo/a ○ triste ○ satisfecho/a ○ frustrado/a

2 ¿Cómo crees que se ha sentido tu compañero?

○ estresado/a ○ confiado/a ○ alegre ○ nervioso/a ○ inseguro/a
○ seguro/a ○ tranquilo/a ○ triste ○ satisfecho/a ○ frustrado/a

| 3.4. | Compartid vuestras impresiones. ¿Coincidís?

| 3.5. | ¿Creéis que es importante compartir nuestras inquietudes antes de realizar una actividad en colaboración con otra persona? ¿Qué puedes hacer tú para que la actividad sea satisfactoria y agradable?

| Intercultura |

> | 4 | ¿Habéis participado alguna vez en un programa de estudios como el de Erasmus? ¿Conocéis a alguien que lo ha hecho? ¿Cómo ha sido la experiencia? ¿Qué pensáis de este tipo de iniciativas?

2 TODO HA CAMBIADO

> | 1 | Escribe una definición de *familia* y coméntala con tus compañeros. ¿Coincidís? Si no es así, justificad vuestras definiciones. Por último, buscad la palabra en el diccionario y comparad la definición con las vuestras.

FAMILIA

Mi definición:

Definición del diccionario:

| 1.1. | El concepto *familia* ha evolucionado mucho en los últimos tiempos. Relacionad las definiciones con el concepto de familia al que se refieren.

1 Familia monoparental. . . . *

2 Pareja de hecho. . . . . *

3 Familia nuclear. . . . . *

4 Familia sin vínculos. . . . . *

5 Familia mixta. . . . . *

* **a.** Grupo de personas, sin lazos familiares, que comparten casa y gastos, como estrategia de supervivencia.

* **b.** Cada uno de los integrantes de la pareja o cónyuges proviene de una cultura, etnia o religión diferentes.

* **c.** Compuesta por un solo progenitor (hombre o mujer) y uno o varios hijos.

* **d.** Constituida por el cabeza de familia, su cónyuge y sus hijos.

* **e.** Unión de dos personas con independencia de su orientación sexual, concertada mediante ciertos ritos o formalidades legales.

| 1.2. | Lee este artículo sobre los cambios que se han producido en España con respecto a la familia y comprueba el resultado de la actividad anterior.

La familia en la España actual

La familia **ha experimentado** continuos cambios y transformaciones. En España, por ejemplo, **ha aumentado**[1] el número de separaciones y divorcios, y **se ha retrasado** la edad del casamiento o emparejamiento y la maternidad, quizá porque **ha habido** una incorporación plena de la mujer al mercado de trabajo… Todos estos factores **han creado** nuevos modelos de familia fuera del tradicional o nuclear: cabeza de familia, cónyuge e hijos. Otro cambio social interesante es el aumento del número de personas que eligen vivir solas y que deciden formar una familia. **Ha surgido**[2], en consecuencia, otro modelo de familia: la monoparental, es decir, aquella en la que solo hay un padre o una madre y uno o varios hijos.

Además, el fenómeno relativamente reciente en España de la inmigración **ha dado** lugar[3] a las familias mixtas en las que los cónyuges son de etnias o religiones diferentes.

También hay familias en las que la pareja **ha establecido** un vínculo[4] legal que no es el matrimonio (ni civil ni eclesiástico): es lo que se conoce como parejas de hecho. E incluso, hay familias que no tienen ninguna relación de parentesco ni vínculos sentimentales de ningún tipo: son personas que deciden vivir juntas para compartir casa y economía: es lo que se conoce como familia sin vínculos. ■

Adaptado de http://ocw.unican.es/ciencias-de-la-salud/ciencias-psicosociales-i/materiales/bloque-tematico-iv/tema-13.-el-apoyo-social-1/13.1.4-los-tipos-de-familia

[1] Aumentar: crecer en número. [2] Surgir: nacer. [3] Dar lugar: generar. [4] Vínculo: unión.

> | 2 | Vuelve a leer el texto y fíjate en las formas del pretérito perfecto que aparecen resaltadas y en lo que expresan. Con tu compañero, elige la opción más adecuada.

1 ☐ Se habla de hechos pasados que llegan hasta el momento presente sin importar el tiempo concreto en que sucedieron.

2 ☐ Se habla de hechos pasados que no se sabe cuándo sucedieron.

3 ☐ Se habla de hechos puntuales del pasado, concretando el tiempo en que sucedieron.

| 2.1. | Leed el cuadro y comprobad vuestra respuesta anterior.

El pretérito perfecto para hablar de experiencias

× El pretérito perfecto se usa también para hablar de **experiencias vividas** o dar **información atemporal**. En este caso, el hablante expresa la experiencia o el hecho sin importar la fecha en la que sucedió:

— *He visto un montón de películas de terror. Me encantan.*
— *Las cosas han cambiado mucho desde que se inició la crisis económica.*

× Cuando se habla de experiencias vividas, es normal encontrar estos marcadores temporales: *ya, todavía no, aún no, alguna vez, nunca, varias veces, jamás, "X" veces*:

● *¿Ya has ido de compras?*
○ *No, todavía no.*

— *Nunca he estado en Venezuela.*
— *Hemos visto a María dos veces en nuestra vida.*

>| **3** | ¿Hay diferentes modelos de familia en tu país? ¿La composición de la familia ha cambiado en los últimos años como ha ocurrido en España? Prepara una exposición para explicar a tus compañeros cómo ha evolucionado la familia en tu país o en otro que conozcas.

Hacer una exposición oral

✗ Preparación

- Elabora un esquema con lo que quieres comunicar.
- Estructura bien el discurso según ese esquema: introducción, desarrollo y conclusión.
- Prepara el vocabulario relativo al tema.
- Plantea, explica y desarrolla la idea principal.
- Piensa en los ejemplos que pueden ilustrar tus ideas.
- Presta atención a la corrección lingüística: léxico apropiado, gramática, etc.

✗ La exposición

- Haz pausas.
- Mira a los compañeros cuando hablas.
- Comprueba que los compañeros te comprenden.
- Pon ejemplos de las cosas que dices.
- Usa la pizarra para explicar.
- Utiliza los gestos para hacerte entender.

| **3.1.** | Valorad las diferentes exposiciones con la ficha que os entregará el profesor.

3 — SE HA COMETIDO UN DELITO

>| **1** | Fíjate en estas fotos. ¿A qué suceso crees que hacen referencia?

| Un robo | Un accidente | Una visita | Una avería

| **1.1.** | Los Hernández han llegado a casa después de un fin de semana fuera y ven que algo extraño ha pasado. Relaciona las columnas. Puedes usar el diccionario si no conoces alguna palabra.

1. La cerradura de la puerta... ✳

2. La caja fuerte .... ✳

3. La habitación .... ✳

4. La alarma .... ✳

✳ **a.** abierta.

✳ **b.** desconectada.

✳ **c.** rota.

✳ **d.** desordenada.

| **1.2.** | Escucha lo que cuentan unos vecinos y comprueba tus respuestas del ejercicio anterior. Luego escribe un resumen de lo que ha pasado.

| **1.3.** | | 15 | Vuelve a escuchar el audio y completa el cuadro de los participios irregulares.

Algunos participios irregulares

abrir → [1] *abierto*	morir → **muerto**	ver → [3] *visto*
cubrir → **cubierto**	poner → **puesto**	romper → [4] *roto*
decir → **dicho**	escribir → **escrito**	volver → **vuelto**
descubrir → **descubierto**	hacer → [2] *hecho*	revolver → [5] *revuelto*

> **Fíjate**
>
> ✗ Los compuestos de los verbos irregulares son también irregulares:
> *volver* → **vuelto**, *revolver* → **revuelto**

| **1.4.** | 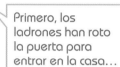 Formad grupos pequeños y reconstruid los hechos, paso a paso y en orden. Después, explicad vuestra versión al resto de la clase.

Cuando llegamos a la casa hemos descubierto que la ventana ha sido rota. Hemos entrado en la casa para ver que ellos han desordenado ~~la casa~~. Cuando seguimos hemos visto que han robado todo de la sala. ~~En~~ Al final hemos encontrado que todavía estaban adentro de la casa. Hemos llamado a la policía

> Primero, los ladrones han roto la puerta para entrar en la casa…

> **2** 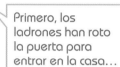 Relacionad las imágenes con las frases correspondientes. Luego, escribid el nombre al que se refieren las palabras resaltadas.

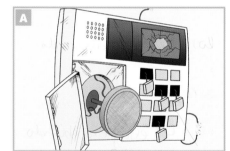

1 | A | **La** han roto de un golpe. .... *alarma*

2 | F | **La** han abierto. .... *la caja fuerte*

3 | C | **Lo** han visto dentro y **lo** han robado. ...... *el dinero*

4 | E | **Los** ha visto un testigo. .... *los ladrones*

5 | D | **Le** han pedido la descripción del ladrón. .... *testigo*

6 | B | Los policías **las** han tomado. .... *las huellas* – fingerprints

| 2.1. | Leed la información del cuadro y completad la tabla con los pronombres que aparecen resaltados en la actividad anterior.

Pronombres de objeto directo e indirecto

✖ Los pronombres objeto se usan para referirse a nombres que han aparecido anteriormente en el discurso y evitar, así, las repeticiones innecesarias.

Pronombres de sujeto	Pronombres de objeto directo	Pronombres de objeto indirecto
Yo	me	me
Tú	te	te
Él/ella/usted	lo/[1] *las*	[4] *le*
Nosotros/as	nos	nos
Vosotros/as	os	os
Ellos/ellas/ustedes	[2] *los* /[3] *las*	les

✖ Los pronombres de objeto directo se refieren a personas, cosas o acciones ya mencionadas en otro momento:
  – *He leído* **el informe** *y* **lo** *he firmado.*
  – *He buscado* **a los niños** *y* **los** *he visto en el parque.*

✖ Los pronombres de objeto indirecto se refieren generalmente a personas:
  – *Los Hernández afirman que* **les** *han robado dinero.*

✖ Los pronombres de objeto directo e indirecto átonos se colocan delante del verbo conjugado:
  – **Le** *he comprado una casa.*   – **Los** *he conocido.*

✖ Cuando hay un infinitivo, un gerundio o un imperativo afirmativo se colocan detrás formando una sola palabra:
  – *Voy a ver***lo***.*   – *Estoy limpián***dola***.*   – *Cómpra***lo***.*

| 2.2. | Vuelve a escribir las frases utilizando los pronombres adecuados.

1 Hemos comprado un kilo de manzanas y dos de naranjas. ➜ *los hemos comprado*
2 Compra los libros, toma el dinero. ➜ *Cómpralos y tómalo*
3 Tengo una carpeta roja. ➜ *la tengo una carpeta roja*
4 ¿Has mentido a tu madre? ➜ *le has mentido*
5 Estoy escribiendo a mis amigos. ➜ *estoy escribiéndoles / les estoy escribiendo*
6 Voy a ver una película de terror. ➜ *voy a verla / la voy a ver*

>| 3 | Lee la siguiente noticia sobre un posible asesinato y contesta las preguntas.

El caso del señor Pérez y su loro Kiko

Este mediodía ha aparecido muerto en su despacho el señor Pérez. Sobre las catorce horas unos vecinos nos han llamado porque el loro del señor Pérez gritaba: "¡Mío!, ¡mío!", sin parar. Nos hemos desplazado hasta allí y hemos llamado a la puerta de la oficina, pero nadie nos ha contestado. Hemos conseguido abrir la puerta y hemos encontrado el cadáver del señor Pérez. Hemos llamado a la policía, que ha tardado veinte minutos en llegar. El médico forense ha dicho que la causa probable de la muerte ha sido la asfixia. Ha podido ser un asesinato. ■

1 ¿A qué hora han llamado a la policía?
2 ¿Cuánto tiempo ha tardado la policía en llegar a la oficina?
3 ¿Quién les ha abierto la puerta?
4 ¿Cuál ha sido la causa probable de la muerte?

| **3.1.** | 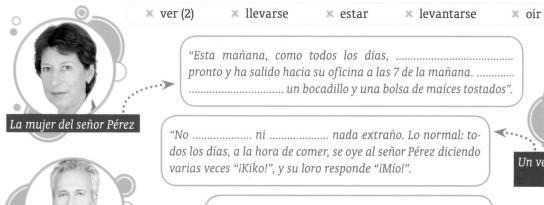 Lee ahora las declaraciones que han hecho a la policía los testigos o presuntos asesinos. Complétalas con los verbos adecuados en pretérito perfecto.

× ver (2) × llevarse × estar × levantarse × oír × robar

La mujer del señor Pérez

"Esta mañana, como todos los días, ... pronto y ha salido hacia su oficina a las 7 de la mañana. .... un bocadillo y una bolsa de maíces tostados".

Un vecino de la oficina de al lado

"No .... ni .... nada extraño. Lo normal: todos los días, a la hora de comer, se oye al señor Pérez diciendo varias veces "¡Kiko!", y su loro responde "¡Mío!".

El portero del edificio

"Creo que el señor Pérez .... toda la mañana en su despacho. Lo .... sobre las ocho".

"No falta nada en el despacho y la puerta está cerrada. No .... nada".

Una agente de policía

| **3.2.** | Escucha y comprueba.
| 16 |

| **3.3.** | ¿Podéis imaginar qué ha pasado?, ¿quién ha sido el culpable? Poned en común vuestras conclusiones en clase argumentando vuestras ideas.

Recuerda

× Para exponer una opinión y argumentarla, puedes usar los siguientes marcadores del discurso:
  • Para añadir información: *además, incluso, también, tampoco...*
  • Para contrargumentar: *pero, aunque, al contrario...*
  • Para expresar consecuencia: *en consecuencia, pues...*
  • Para justificar: *porque, ya que...*

| **3.4.** | En el informe policial está la respuesta a este extraño suceso. El informe, por un error informático, ha repetido palabras innecesariamente. Lee el texto y reescríbelo con tu compañero sustituyendo estas palabras por pronombres o eliminándolas, si es necesario. ¿Coincide vuestra historia con la de la policía?

Informe policial

La autopsia ha revelado que el Sr. Pérez ha muerto a causa de un maíz tostado. Al comer el maíz tostado se ha atragantado.

Al llegar al despacho, como cada día, el señor Pérez ha cogido la jaula de su loro Kiko y ha sacado a Kiko al balcón. A las 14:00 horas, después de trabajar toda la mañana, el señor Pérez ha hecho un descanso para comer un bocadillo. Después de comer el bocadillo, el señor Pérez, como todos los días, ha jugado con su loro Kiko.

El señor Pérez muestra un maíz tostado a su loro Kiko. Kiko mira el maíz. El señor Pérez dice a Kiko: "¡Kiko!" y su loro responde "¡Mío!". Entonces el señor Pérez da el maíz a Kiko, lanzando el maíz al aire. Después, el señor Pérez lanza otro maíz al aire y el señor Pérez coge con la boca el maíz al vuelo. Esta mañana el señor Pérez ha lanzado un maíz al aire y el señor Pérez ha cogido el maíz al aire pero se ha atragantado. El pobre señor Pérez ha muerto ahogado. Ha intentado llamar por el móvil y ha pedido ayuda a su loro Kiko. Ha repetido: "¡Kiko!, ¡Kiko!". Y su loro Kiko ha contestado todo el tiempo: "¡Mío, mío!". Ha sido una muerte accidental. ■

CONTINÚA »

Informe policial

> | 4 | Repasa las actividades que has hecho a lo largo de esta sección y reflexiona sobre las diversas estrategias de aprendizaje que has utilizado. Califícalas del 1 al 5, según tu experiencia. Luego, comparte tus opiniones con tus compañeros.

1 Las ilustraciones me facilitan el aprendizaje. 1 2 3 4 5

2 Las preguntas me permiten comprender y consolidar lo que he aprendido. 1 2 3 4 5

3 Cuando se resaltan palabras u oraciones en un texto, me resulta útil para focalizar la atención sobre el contenido que estoy trabajando. 1 2 3 4 5

4 Los cuadros son útiles para consolidar el aprendizaje y recordar los contenidos en otros momentos..... 1 2 3 4 5

5 Los consejos para hacer una exposición oral me han resultado útiles y me han dado seguridad. 1 2 3 4 5

4 EL SONIDO /r/

> | 1 | Marca la palabra del par que escuches. Luego, lee el cuadro para recordar cómo se representa
|17| el sonido /r/.

☐ pero / ☐ perro ☐ oruga / ☐ arruga ☐ jara / ☐ jarra ☐ Corea / ☐ correa

☐ parra / ☐ para ☐ careta / ☐ carreta ☐ ahora / ☐ ahorra ☐ mira / ☐ mirra

El sonido /r/

✗ El sonido /r/ **suave:**	se escribe	suena
• Entre vocales	-r-	– cara (ca-ra)
• Al final de sílaba o palabra	-r	– carta (car-ta), hablar (ha-blar)
✗ El sonido /r/ **fuerte:**	se escribe	suena
• Al principio de palabra	r-	– rosa (ro-sa)
• Entre vocales	-rr-	– corro (co-rro)
• Después de *l, n* y *s*	-r-	– alrededor (al-re-de-dor)
		– Enrique (En-ri-que)
		– Israel (Is-ra-el)

✗ Recuerda que los sonidos representados por las letras *l* y *r* son diferentes: *hola* y *hora*.

ENRIQUE	ASTUR	CLON ———	SIGLA	CORREO
ALREDEDOR	BRASILEÑA	HABLA	CERO	LIMÓN
ENROSCAR	GUERRA	RUSA	SERIO	FRUTA
LUSA	CARA	CEREZA	PLAZA	SAL

>| 3 | ⚭ 🔊 Enrique ha ido al médico porque quiere llevar una vida saludable. El médico le ha mandado
I 19I una dieta. Escucha y completa la dieta de Enrique.

DESAYUNO
- Una ☐ebanada de pan con me☐melada y un café.

COMIDA
- Ensalada de be☐os o ca☐do con almend☐as.
- Pollo a la plancha.
- Zumo de na☐anja o f☐esas.

MERIENDA
- Yogu☐ de f☐utas del bosque.

CENA
- Do☐ada con espá☐agos y a☐oz blanco, o calama☐es a la ☐omana con ve☐du☐as al ho☐no, o me☐luza a la plancha con coliflo☐ o ☐epollo.

¿Qué he aprendido?

1 ¿Cómo se forma el pretérito perfecto? ☒haber (participio)
con pronombre perfecto (+) ~~-ido~~ -ido

2 Escribe tres participios regulares y tres irregulares.
- buscar
- Conducir
- abrir
- hacer
- escribir
- ser/Ir

3 Escribe tres marcadores temporales que suelen acompañar al pretérito perfecto cuando el hablante se refiere a una acción terminada relacionada con el presente.
- hace 5 minutos
- hoy
- esta mañana

4 Escribe tres marcadores temporales que suelen acompañar al pretérito perfecto cuando el hablante se refiere a una acción centrándose en la experiencia en sí y no en el tiempo en el que ocurre.
- Cuando fuiste a españa
- haz bebido alcohol también
- haz montado caballo

5 Relaciona.
1. la lavadora |b 2. al camarero |D 3. el libro |A 4. a sus hijos |F 5. las camas |E 6. los programas |C

a. Lo ha leído. b. Las ha hecho. c. Los he visto. d. Le ha pagado. e. La ha puesto. f. Les ha regañado.

6 Escribe tres acciones que has hecho hoy y ordénalas cronológicamente. Usa marcadores temporales.
- Me he vestido
- me he duchado
- me he lavado mis dientes

7 ¿Qué estrategias has aplicado para corregir tus errores de vocabulario en esta unidad?
- ○ 1 Los ha corregido el profesor.
- ○ 2 Has utilizado un diccionario o un corrector ortográfico.
- ○ 3 Los has corregido tú basándote en las explicaciones o los apuntes de clase.
- ○ 4 Has pedido ayuda a un hablante nativo.
- ○ 5 Otra: ....

4) TODA UNA VIDA

Contenidos funcionales
- Hablar de hechos históricos.
- Narrar momentos importantes en la vida de una persona.
- Relacionar acciones del pasado.
- Hablar de la realización o no de las acciones previstas y de experiencias vividas.
- Pedir y dar información sobre el currículum de una persona.
- Solicitar un empleo.

Contenidos gramaticales
- Pretérito indefinido: formas irregulares en 3.ª persona.
- Marcadores temporales: *al cabo de…, a los…, después de…, desde… hasta…, de… a…*
- Contraste pretérito indefinido/pretérito perfecto.
- Marcadores temporales para expresar frecuencia: *nunca, ya, todavía no, alguna vez…*

Tipos de texto y léxico
- La biografía.
- Ofertas de trabajo en Internet.
- El currículum vítae.
- La carta de presentación para solicitar un empleo.
- Léxico relacionado con la arquitectura, la historia, las biografías y el mundo laboral.

El componente estratégico
- Estrategias para escribir una carta de presentación.
- Técnicas para elaborar un currículum.

Contenidos culturales
- La influencia de los árabes en España: arquitectura.
- Antoni Gaudí: vida y obra.
- El mundo laboral.
- Comunicación no verbal: posturas y gestos en una entrevista de trabajo.

Ortografía/Fonética
- El uso de los números romanos.
- Contraste de los sonidos /p/ y /b/.

1) ¡VAYA HISTORIA!

Cultura

> **1** Los árabes vivieron en España durante casi ocho siglos. Su influencia en nuestra arquitectura fue muy importante. Estas son algunas fotos de monumentos árabes en España. ¿Los conocéis? ¿Podéis relacionarlos con sus nombres? Hay un monumento intruso, ¿cuál es?

1 La Alhambra de Granada.
2 La Giralda de Sevilla.
3 La Mezquita de Córdoba.
4 La Torre de San Martín.

| **1.1.** | Relaciona cada tipo de construcción con su definición. Puedes usar el diccionario. Luego, compara tu respuesta con la de tu compañero.

1. Basílica..... C ....*
2. Mezquita. .... B ...*
3. Torre. .... E ...*
4. Palacio. ..... D ...*
5. Fortaleza.. ... A ...*

* a. Lugar cerrado con murallas, como un castillo o una pequeña ciudad.
* b. Templo donde los musulmanes practican sus ceremonias religiosas.
* c. Iglesia importante por su antigüedad, tamaño y riqueza.
* d. Casa destinada para residencia de los reyes.
* e. Construcción de gran altura que sirve para vigilar desde lo alto y defender una ciudad.

| **1.2.** | Lee el texto y ordena los monumentos anteriores según su fecha de construcción.

☐ Torre de San Martín   ☐ Mezquita de Córdoba   ☐ Giralda de Sevilla   ☐ Alhambra de Granada

Cuando los musulmanes invadieron la Península en 711, España creció culturalmente. Gracias a los árabes, España, y luego Europa, recuperaron los conocimientos griegos y romanos, por medio de las traducciones que hicieron en colaboración con judíos y cristianos. Gracias a ellos, se transmitieron a Europa numerosos conocimientos de matemáticas, medicina, química, astronomía, agricultura y literatura. Además, su influencia en el español fue muy importante. En español existen actualmente más de 4000 palabras de origen árabe.

Su influencia en la arquitectura fue también importante. Se pueden distinguir cuatro fases.

El periodo almorávide, de los siglos VII al X, durante el que se construyó la mezquita de Córdoba por orden de Abd-al-Rahman I. La mezquita se edificó sobre una vieja basílica y se conservaron varios muros y columnas visigóticas y romanas.

Durante los siglos XI al XIII se desarrolló el periodo almohade. La muestra más representativa de esta época es la mezquita de Sevilla, de la que actualmente solo queda la torre de la Giralda.

La Alhambra, monumento declarado Patrimonio de la Humanidad en 1984, constituyó la máxima representación del arte nazarí de los siglos XIII al XV. Esta maravillosa construcción tuvo triple función: fortaleza, palacio y ciudad, hasta 1492, cuando los Reyes Católicos conquistaron Granada.

Finalmente, el arte mudéjar de los siglos XII al XV fundió los estilos cristianos (románico y gótico) con motivos ornamentales y materiales árabes. Una de sus representaciones más famosas se encuentra en Teruel, es la Torre de San Martín.

Sin duda, la llegada de los árabes a la Península fue un antes y un después en la historia de España. ■

 Fíjate

✘ Se escriben con números romanos:
  • Los siglos: *siglo I, siglo XV...* y se lee *siglo uno, siglo quince...*
  • Los nombres de reyes y papas: *Juan Carlos I, Carlos V, Juan Pablo II* y se lee *Juan Carlos primero, Carlos quinto* y *Juan Pablo segundo.*
✘ Las abreviaturas **a. C.** y **d. C.** significan *antes de Cristo* y *después de Cristo*, respectivamente.

| **Intercultura** |

| **1.3.** | ¿Hay alguna influencia de otras culturas en la arquitectura de tu país? ¿Y en tu lengua?

> 2 Fijaos en las siguientes construcciones, ¿encontráis puntos en común con las de los árabes? ¿Las reconocéis? ¿Sabéis quién es su autor?

| 2.1. | La arquitectura árabe también influyó en uno de los arquitectos españoles más famosos del mundo: Antoni Gaudí. Lee y ordena su biografía.

3 En la obra de Gaudí se diferencian dos etapas. En la primera (1883-1900), empezó a levantarse la Sagrada Familia de Barcelona y construyó el Capricho. En 1888 terminó la Casa Vicens, de estilo hispanoárabe.

5 6 La segunda etapa, desde 1900 hasta su muerte, es la más importante de la obra gaudiniana. Es el periodo de las construcciones más modernas y más personales.

2 Gaudí no solo revolucionó la arquitectura, además diseñó muebles, e **incluyó** elementos decorativos con vidrio, cerámica y hierro. Todos ellos formaron parte de sus construcciones.

1 Antoni Gaudí, máximo representante del modernismo y de las vanguardias artísticas del siglo XX, nació en Tarragona el 25 de junio de 1852. Su actividad profesional se desarrolló en Barcelona.

8 El Parque Güell fue declarado Patrimonio de la Humanidad por la UNESCO en 1984.

4 Después de esta obra y siguiendo una estética gótica, finalizó el Palacio Güell en 1889 y, al cabo de tres años, terminó el Colegio Teresiano de Barcelona y la Casa de Los Botines en León.

6 5 Entre sus obras de esta etapa destacan el Parque Güell y la Casa Batlló, con la que el modernismo de Gaudí alcanzó su plenitud.

7 Gaudí **murió** el 10 junio de 1926, a los 74 años, atropellado por un tranvía. Cuando Gaudí obtuvo el título de arquitecto, Elies Rogent, director de la Escuela de Arquitectura de Barcelona, dijo: "Hemos dado un título a un loco o a un genio, el tiempo lo dirá".

Texto adaptado de: http://www.spain.info/es/reportajes/el_park_guell_la_arquitectura_de_la_naturaleza.html

| 2.2. | Escucha este resumen de su vida y comprueba tus respuestas.
| 20 |

| 2.3. | Analizad el texto anterior, leed la información sobre las características de una biografía y completadla con las siguientes palabras.

✕ personal   ✕ indefinido   ✕ tercera   ✕ terminadas   ✕ profesional

CONTINÚA »

nuevo **PRISMA** • Nivel A2

La biografía

✕ Es un tipo de texto que narra la historia de la vida de una persona desde su nacimiento hasta su muerte, con los datos más importantes de su vida [1] .... y [2] ...., destacando lo más importante.

✕ Se escribe en orden cronológico y en [3] .... persona; si es una autobiografía, va en primera persona.

✕ Se escribe en pretérito [4] .... ya que transmite información de acciones [5] .... en el pasado y normalmente informa de manera exacta del tiempo en que sucedieron esas acciones. Por eso, es habitual utilizar marcadores temporales: fechas, periodos de tiempo, edades…: *Gaudí murió en 1926*.

| **2.4.** | En la biografía que has leído en la actividad 2.1. hay dos formas verbales destacadas que son irregulares. Lee la siguiente información y clasifica los infinitivos en su lugar correspondiente.

| ✕ sentir | ✕ destruir | ✕ construir | ✕ mentir | ✕ concluir | ✕ oír | ✕ preferir | ✕ poseer |
| ✕ creer | ✕ servir | ✕ elegir | ✕ corregir | ✕ medir | ✕ dormir | ✕ reír | ✕ huir |

Pretérito indefinido irregular: cambio en la tercera persona

✕ Existe un grupo numeroso de verbos irregulares en pretérito indefinido que tienen un cambio vocálico en la tercera persona del singular y plural.

	E>I	**O>U**	**VOCAL + E, I > VOCAL + Y**		
	Pedir	**Morir**	**Leer**	**Caer**	**Incluir**
Yo	pedí	morí	leí	caí	incluí
Tú	pediste	moriste	leíste	caíste	incluiste
Él/ella/usted	p**i**dió	m**u**rió	le**y**ó	ca**y**ó	inclu**y**ó
Nosotros/as	pedimos	morimos	leímos	caímos	incluimos
Vosotros/as	pedisteis	moristeis	leísteis	caísteis	incluisteis
Ellos/ellas/ustedes	p**i**dieron	m**u**rieron	le**y**eron	ca**y**eron	inclu**y**eron

✕ Otros verbos con la misma irregularidad:

• E > I ....

• O > U ....

• VOCAL + E, I > VOCAL + Y ....

> | **3** | Como ya sabes, en una biografía es frecuente encontrar indicaciones temporales (fechas, periodos, edades…) y expresiones que relacionan temporalmente unos acontecimientos con otros. Fíjate en las expresiones que están destacadas en el texto y completa esta información con un ejemplo de tu invención.

Marcadores temporales de pretérito indefinido

✕ Fecha:

• **En**… • **El** tres **de** enero **de** 1993 • *A los/Con* + edad
— *Gaudí nació en Tarragona el 25 de junio de 1852 y murió a los 74 años, en 1926.*

✕ **Duración** de una acción:

• **Desde… hasta…** • **De… a…**
—

✕ **Relacionar** dos momentos:

• **Al cabo de**… • **A los**… • **Cuando**… • **Antes de**… • **Después de**…
—

> **4**  Ahora puedes escribir tu propia biografía o la de alguna persona que conozcas (también puede ser algún personaje famoso o inventado). Aquí tienes algunos datos importantes que debes incluir. Redacta la historia en un máximo de 100 palabras.

✖ Fecha de nacimiento.

✖ Lugar de nacimiento.

✖ Estudios.

✖ Etapas más importantes de su vida.

✖ Personas relevantes a lo largo de su vida.

✖ Hechos positivos y negativos que marcaron su vida.

Breve biografía de ....

0-12 años: ....   19-30 años: ....
....
....
....
....

12-18 años: ....   Más de 30 años: ....
....
....
....
....

| **Sensaciones** |

4.1.  Para concluir la biografía que has redactado, haz una pequeña valoración siguiendo el ejemplo.

Picasso fue uno de los grandes artistas españoles del siglo XX, creador del movimiento cubista. Es conocido mundialmente. Realizó más de 2000 obras entre pinturas, esculturas, grabados y dibujos. Fue un luchador incansable y su vida no fue siempre **de color de rosa**.

....
....
....
....

4.2. ¿Sueles asociar las experiencias en tu vida con colores? ¿Tu vida es de color de rosa? ¿Has tenido días negros? ¿Y grises? ¿De qué color está siendo tu experiencia con el aprendizaje del español? Coméntalo con tus compañeros.

2 ¿TIENES AGENDA?

> | 1 | Hoy es viernes por la noche. Esta es la agenda electrónica de Jaime. Léela y escribe qué no ha hecho todavía.

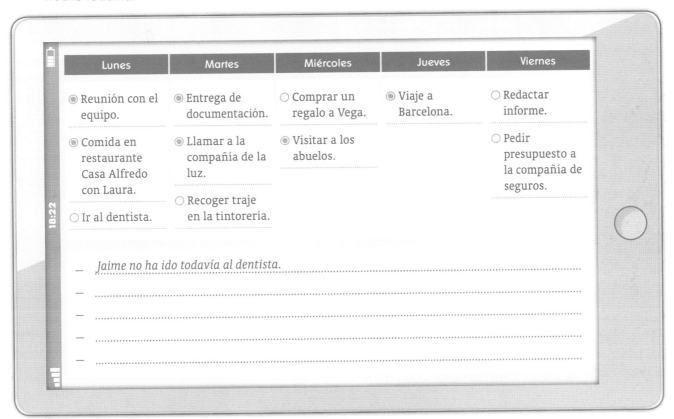

Lunes	Martes	Miércoles	Jueves	Viernes
◉ Reunión con el equipo.	◉ Entrega de documentación.	○ Comprar un regalo a Vega.	◉ Viaje a Barcelona.	○ Redactar informe.
◉ Comida en restaurante Casa Alfredo con Laura.	◉ Llamar a la compañía de la luz.	◉ Visitar a los abuelos.		○ Pedir presupuesto a la compañía de seguros.
○ Ir al dentista.	○ Recoger traje en la tintorería.			

— *Jaime no ha ido todavía al dentista.*

— ....

— ....

— ....

— ....

Hablar sobre la realización de las acciones previstas

✖ Para pedir o dar información sobre la **realización o no de acciones previstas** dentro de un plazo, podemos usar el **pretérito perfecto**.

• Si las acciones están realizadas, se usa el marcador *ya*:
  ● *¿Has terminado **ya** los deberes?*
  ○ *Sí, **ya** los he hecho todos.*

• Si las acciones no están realizadas, se usan los marcadores *todavía no*, *aún no*:
  ● ***Todavía no** he ido a Gran Canaria. / **No** he ido a Gran Canaria **todavía**.*
  ○ ***No** he tenido días libres **aún**. / **Aún no** he tenido días libres.*

✖ Estas partículas pueden ir **delante** o **detrás** del verbo, pero nunca entre el verbo *haber* y el participio:
  – *¿Ha llegado ya?*   – *¿Ya ha llegado?*   – *¿Ha ya llegado?*
  – *No ha venido todavía/aún.*   – *Todavía/aún no ha venido.*   – *No ha todavía/aún venido.*

Recuerda

✖ En muchas zonas hispanohablantes no se usa el pretérito perfecto o se usa muy poco.

| 1.1. | 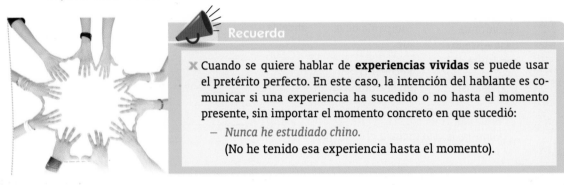 Piensa en tu agenda de esta semana. Escribe las cosas que has hecho ya y las que no has hecho todavía. Puedes inventarlas. Intercambiad la información y, por turnos, haceos preguntas para averiguar si se han realizado o no las acciones.

Ejemplo:
- *"Ir al dentista", ¿has ido ya al dentista?*
- *No, todavía no. Voy mañana.*

>| 2 | Poned vuestras manos abiertas encima de la mesa. Por turnos, contad alguna experiencia especial que habéis vivido. Los que no han tenido la misma experiencia que se cuenta, deben esconder un dedo. Gana el último de vosotros que tenga dedos encima de la mesa.

— *Yo ya he estado en Guatemala tres veces.*

> **Recuerda**
>
> ✖ Cuando se quiere hablar de **experiencias vividas** se puede usar el pretérito perfecto. En este caso, la intención del hablante es comunicar si una experiencia ha sucedido o no hasta el momento presente, sin importar el momento concreto en que sucedió:
>
> — *Nunca he estudiado chino.*
>   (No he tenido esa experiencia hasta el momento).

| 2.1. | Vuelve a leer el cuadro anterior y marca en qué frases se habla de experiencias vividas y en cuáles se expresa el tiempo en el que ha sucedido la acción. Luego, compara tus resultados con tu compañero.

	Experiencias vividas	Tiempo en el que sucedió la acción
1 Jamás he estado en Londres.	○	○
2 Esta mañana hemos visto a Ariadna.	○	○
3 Hemos tenido clase de español esta tarde.	○	○
4 A mí me han operado tres veces de la rodilla.	○	○
5 La familia de Carlos ha tenido perro toda la vida.	○	○
6 No he visto una cosa igual en la vida.	○	○
7 Este año ha subido el número de desempleados.	○	○
8 Hoy hemos visto a Marta, está guapísima.	○	○

| 2.2. | Los siguientes marcadores de frecuencia se usan normalmente para hablar de experiencias vividas. Ordenadlos en el siguiente diagrama de más a menos.

Siempre/toda la/mi vida ....

....

....

....

....

....

Jamás/nunca/en la vida ....

Jamás/nunca/en la/mi vida

Varias veces

Ninguna vez

Algunas veces

"X" veces

Muchas veces

Siempre/toda la/mi vida

| **2.3.** | Escucha este diálogo y completa con qué frecuencia realizan estas actividades cada uno de los personajes.

	Jaime	Clara
Salir en televisión		
Plantar un árbol		
Cantar en público		
Teñirse el pelo		
Roncar		

| **2.4.** | Ahora pregunta y responde a tu compañero para completar estas tablas.

Recuerda

Contraste indefinido/perfecto

✗ Cuando hablamos de **acciones o acontecimientos terminados** en el pasado es habitual usar el pretérito indefinido:
  – *Fui de vacaciones a Londres **en 2003**.*

✗ Cuando hablamos de **acciones pasadas** sucedidas en un **tiempo** relacionado con el **presente** o bien de **experiencias vividas** en las que lo importante es la experiencia y no el momento concreto en que sucedió la acción, es habitual usar el **pretérito perfecto**:
  – *He estado en Londres **este fin de semana**.*
  – ***Nunca** he estado en Londres.* (No he viajado a Londres hasta el momento).

Alumno A

1 ¿(Estar, tú) alguna vez en México?	
	2 (Trabajar, yo) solamente dos horas.
3 ¿Ya (visitar, tú) París?	
	4 (Salir, yo) a las ocho y media.
5 ¿(Hacer, tú) ya la tarea?	
	6 (Comenzar, yo) a los 16 años.
7 ¿(Dormirse, tú) bien anoche?	

Alumno B

	1 (Estar, yo) una vez.
2 ¿Cuánto tiempo (trabajar, tú) ayer?	
	3 No, nunca (estar, yo) en París.
4 ¿A qué hora (salir, tú) de casa esta mañana?	
	5 Sí, (hacer, yo) la tarea esta mañana.
6 ¿A qué edad (comenzar, tú) a jugar al tenis?	
	7 No, no (poder, yo) dormir por el calor.

> | 3 | Ahora, piensa en cinco experiencias y pregunta a tu compañero si las ha tenido o no. En caso afirmativo, pregúntale también con qué frecuencia o cuándo tuvieron lugar. Anota las preguntas y las respuestas en las tablas de la página siguiente.

Ejemplo:
● *¿Has vivido alguna vez en otro país?*
● *Pues sí. Dos veces.*
● *¿Cuándo?*
● *La primera, en Bélgica. Estuve allí a los dieciséis años durante tres meses. La segunda, este año: he vivido seis meses en Madrid.*

CONTINÚA »

Pregunta	Respuesta

3 ¡A TRABAJAR!

> | 1 | Leed las siguientes ofertas de trabajo. Elegid una para presentaros como candidatos, justificando vuestra elección.

BUSCAEMPLEO

A MÉDICO NUTRICIONISTA. Buscamos médicos especialistas en Nutrición (general y deportiva) como formadores. No es necesaria experiencia. Se requieren personas dinámicas y responsables, con una formación sólida y capacidad de comunicación.

B INTÉRPRETE RUSO/ESPAÑOL. Se precisa intérprete de ruso-español-ruso para eventos, viajes, etc., de empresa española dedicada a las energías renovables.

C SOCORRISTA. Se requiere socorrista para temporada de verano en piscina de urbanización privada, situada en carretera de Burgos, km. 800. Se valorará experiencia. Se requiere titulación deportiva.

D LICENCIADO EN ARTE. Buscamos una persona para trabajar en nuestra librería especializada en libros de arte. Imprescindible estudios de Arte Antiguo y Contemporáneo. Horario comercial. Dispuesta a viajar por ferias y eventos culturales.

E PERSONAL SHOPPER. Agencia busca *personal shopper*. Imprescindible carné de conducir. Se valoran cursos específicos. Idioma: inglés.

F ESPECIALISTA EN RELACIONES INTERNACIONALES. Necesitamos a un especialista en Relaciones Internacionales para puesto en nuestra empresa de exportación de productos alimenticios españoles. Idiomas: español e inglés.

| 1.1. | Fíjate en el modelo de currículum que te presentamos en la página siguiente y elabora el tuyo, pensando en el puesto de trabajo que has elegido en la actividad 1. Los datos pueden ser reales o inventados.

El currículum

✗ Para hablar de tus **estudios**:
- He estudiado... durante... en...
- Licenciado/a en...
- Graduado/a en...
- Terminé mis estudios de... en el año.../hace... años.

✗ **Formación complementaria**:
- He hecho un máster en...
- He hecho un curso/varios cursos de...

✗ Para hablar de tu **experiencia profesional**:
- Trabajé dos años en...
- He trabajado en... como...
- Mi último puesto de trabajo ha sido de... en...

✗ Para hablar de tus **aficiones** y/o **intereses**:
- Me gusta...
- Estoy interesado/a en...
- Soy aficionado/a a...

INFORMACIÓN PERSONAL

Nombre: ...... AMELIA FINS

Dirección: ...... 135 SUNSHINE AVE ...... 1ª planta

Teléfono móvil: 201-307-7261

Correo electrónico: ...... amelia226@yahoo.com

Nacionalidad: ...... AMERICANA

Fecha de nacimiento: 7/26/1990

FORMACIÓN

1. — he tomado 2 cursos del historia de arte antique y contemp

2. ....

EXPERIENCIA PROFESIONAL

1. He trabajado en un biblioteca por 2 años en 2012

2. Tuve una trabaje en un museo de arte el verano pasado

COMPETENCIAS PERSONALES

Lengua materna: ...... INGLES

Otros idiomas: ...... ESPAÑOL

Cursos: ...... HE estudiado el historia de arte en universidad

Gustos y aficiones: DIBUJAR Y LEER

| **1.2.** | Todo currículum debe ir siempre acompañado de una carta de presentación. Leed e identificad en esta carta las tres partes que se mencionan en el cuadro.

La carta de presentación

✘ La carta de presentación es un tipo de texto que hay que enviar para solicitar un trabajo o una entrevista. El estilo debe ser conciso, breve y profesional. La carta debe ir fechada y firmada.

✘ Partes y objetivos:

- **Presentación**: provocar el interés del destinatario para que lea con atención tu currículum.

- **Cuerpo**: exponer brevemente tu capacidad profesional y tus expectativas.

- **Cierre**: plantear tu deseo de mantener una entrevista o participar en las pruebas de selección.

Nombre y apellidos
Dirección
Ciudad
País
N.º teléfono
Correo electrónico

Fecha y lugar

Estimados señores,

Soy licenciado en Derecho Administrativo. Actualmente estoy haciendo un máster en Derecho Privado y me pongo en contacto con ustedes para manifestarles mi interés en desarrollar y aplicar en su empresa mis conocimientos.

Desde que comencé mis estudios universitarios he seguido con mucho interés el desarrollo que ha tenido su despacho de abogados y me he preparado con el objetivo de poder cumplir con el perfil profesional del mismo.

Adjunto encontrarán mi currículum vítae y una copia de mi expediente académico.

Espero tener la oportunidad de conversar con ustedes en una próxima entrevista para exponerles personalmente mis conocimientos y mi deseo de formar parte de su equipo de trabajo.

Reciban un cordial saludo.

Firma: Nombre y apellido(s)

| **1.3.** | Ahora que ya tienes tu currículum escrito y de acuerdo con la oferta de trabajo que has elegido en la actividad 1, escribe la carta de presentación para mandar por correo electrónico al departamento de Recursos Humanos de la empresa.

> | **2** |  ¿Has tenido alguna entrevista de trabajo? ¿Dónde? ¿Para qué puesto de trabajo? ¿Cómo son las entrevistas de trabajo en tu país? Explícaselo a tus compañeros.

En la búsqueda de empleo, el currículum y la carta de presentación tienen el único objetivo de conseguir una entrevista personal, el paso decisivo a la hora de encontrar trabajo.

Durante la entrevista, se evalúan, además de las aptitudes profesionales del candidato, su actitud y lo que transmite a través del lenguaje, tanto verbal como no verbal.

| **2.1.** | El lenguaje corporal dice mucho de una persona en una entrevista de trabajo. Aquí tenéis una lista de diferentes gestos y posturas. Relacionadlos con su significado.

1. Pellizcarse o rascarse cualquier parte de la cara (cejas, nariz, el borde de una oreja, un labio…). . . . . . ✱
2. Mirar el reloj. Frotarse las manos. . . . . ✱
3. Juguetear con un bolígrafo, anillo o cualquier otro elemento. . . . . ✱
4. Mirar de frente. . . . . ✱
5. Tener una postura relajada. . . . . ✱
6. Tener los brazos cruzados. . . . . ✱

✱ a. Nada que ocultar. Comodidad.
✱ b. Interés, concentración, confianza en uno mismo.
✱ c. Impaciencia.
✱ d. Actitud a la defensiva.
✱ e. Inseguridad y dudas.
✱ f. Distracción.

| **2.2.** | [22] Vas a escuchar a un psicólogo argentino que nos da unos consejos para poder triunfar en los procesos de selección. Escucha sus recomendaciones y, después, comprueba con tu compañero las respuestas de la actividad anterior. ¿Habéis acertado?

Intercultura

| **2.3.** | ¿Los consejos que da el psicólogo son útiles en tu cultura? Comenta con tus compañeros cuáles son las diferencias, si las hay.

> | **3** | Lee el currículum de tu compañero y su carta de presentación. Prepara una serie de preguntas para hacerle una entrevista personal, fijándote también en su lenguaje corporal. ¿Es apto para el puesto? Justifica tu respuesta.

4 ▸ LOS SONIDOS /p/, /b/

> | **1** | [23] Escucha y repite las siguientes palabras con el sonido /p/.
✕ pala ✕ polo ✕ apuntar ✕ prisa ✕ preso ✕ puerta
✕ pepino ✕ pupa ✕ pleno ✕ plomo ✕ plano ✕ copito

> | **2** | [24] Escucha y repite las siguientes palabras con el sonido /b/.
✕ vela ✕ visado ✕ absurdo ✕ haba ✕ tuvo ✕ blusa ✕ bueno
✕ tubo ✕ bruma ✕ bola ✕ broma ✕ había ✕ bala ✕ abuela

 **La oposición b/v**

✗ En español, las letras be y uve representan el mismo sonido, es decir, que se pronuncian igual. Es necesario conocer las palabras para saber si se escriben con be o con uve, pues no se pueden distinguir mediante la pronunciación.

✗ En algunos casos, escribir una u otra letra puede cambiar el significado de la palabra, por ejemplo: *baca/vaca*.

>|3| ●◉ |25| David es un estudiante del Reino Unido y está estudiando español en Valencia. Ha publicado en Facebook su viaje por España. Escucha y completa las palabras que faltan en el texto. Una pista: todas las palabras que faltan son lugares de España y contienen los sonidos /p/ y /b/.

○○○   Facebook

facebook | Usuario | | Contraseña |

David
¡Me encanta este país! He hecho un viaje por toda España y estoy muy feliz. Os voy a contar mis aventuras aquí. He conocido a gente muy interesante y he visitado lugares increíbles: las ciudades de ...., ... y .... en el interior y, en la costa cantábrica, ... y San ....
He hecho senderismo por los .... y de ahí he llegado a .... Me ha gustado muchísimo ver la obra de Gaudí. También he ido en barco por las Islas .... hasta llegar a ...., una isla muy bella. He viajado por Andalucía y he visto .... y sus maravillosos patios árabes, y ...., en ...., donde comí el famoso pescaíto frito. De vuelta a casa, visité las playas de .... y ...., ¡y me comí una estupenda paella! Venid a España, ¡es maravillosa!

Me gusta · Comentar · 4 de mayo, 17:25

¿Qué he aprendido?

1 ¿Qué monumentos recomiendas visitar de los que has estudiado? Explica dónde están y quién los construyó.

....

....

2 ¿Cuáles son las irregularidades en la tercera persona de los verbos en pretérito indefinido que has aprendido? Escribe dos ejemplos de cada una de ellas.

• ....   • ....

• ....   • ....

3 Resume en cinco líneas lo que hiciste en tus últimas vacaciones utilizando los marcadores temporales que has aprendido.

....

....

....

....

....

4 Piensa en esta semana. ¿Qué has hecho ya y qué no has hecho todavía?

....

....

5 Describe brevemente cuáles son los pasos que debes seguir para solicitar un puesto de trabajo.

....

....

5) CURIOSIDADES

Contenidos funcionales
- Identificar y definir.
- Describir personas, objetos, lugares.
- Hacer comparaciones.
- Expresar obligación, permiso y prohibición.
- Hablar de novedades.
- Hablar de normas sociales.

Contenidos gramaticales
- *Ser/estar*: usos generales.
- Oraciones de relativo con indicativo: *que/donde*.
- Comparativos de igualdad, inferioridad y superioridad.
- Comparativos irregulares.
- *Poder, deber* + infinitivo.
- *Se puede, se debe* + infinitivo.
- *Está permitido/prohibido* + infinitivo.

Tipos de texto y léxico
- Artículo de revista de ocio.
- Texto descriptivo.
- Texto normativo.
- Léxico relacionado con las bodas y celebraciones.
- Léxico para descripciones de novedades tecnológicas.
- Léxico para comunicar sentimientos referidos al aprendizaje.

El componente estratégico
- Deducción de léxico a través de ilustraciones.
- Activar la conciencia auditiva a través de preguntas específicas y discriminar información.
- Reflexionar sobre los beneficios del trabajo cooperativo en el aprendizaje.

Contenidos culturales
- Bodas en España e Hispanoamérica.
- Preparar una despedida de soltero.
- Normas sociales en España.
- Nuevas tecnologías: *Google Glass*.

Ortografía/Fonética
- Contraste de los sonidos /t/ y /d/.

---

1 ¡ES MUY INTERESANTE!

> | 1 | ¿Te gusta la tecnología? ¿Cada cuánto tiempo cambias de móvil o de ordenador? ¿Eres goloso? ¿Cuándo comes chucherías? ¿Te gusta el calor o prefieres el frío? ¿Pasas mucho tiempo en la playa en verano? Coméntalo con tus compañeros.

| 1.1. | Lee los siguientes textos extraídos de periódicos y revistas de ocio y elige el más interesante según tu respuesta anterior. Luego, comparte tu opinión con tu compañero.

Google desvela las características de *Google Glass*

Google es una de las empresas más conocidas a nivel internacional. Es estadounidense (su sede está en California) y ha presentado un prototipo de su nueva creación: *Google Glass*. Las *Google Glass* son unas gafas de diseño futurista que llevan incorporada una minipantalla de 25 pulgadas con funciones como: grabadora de vídeo, cámara de fotos, micrófono, reconocimiento de voz y conexiones inalámbricas. Tiene una memoria flash de 16 Gb y una batería con una autonomía de un día. Las personas que las han probado dicen que están muy bien y que van a cambiar totalmente el concepto de gafas que tenemos en la actualidad. ■

Texto adaptado de: http://www.abc.es/tecnologia/informatica-hardware/20130416/
abci-google-glass-caracteristicas-201304161035.html

CONTINÚA »

El secreto de los Peta Zetas

Sus ingredientes son los mismos que los de las chucherías tradicionales: azúcar, saborizantes, colorantes y aromas. Sin embargo, hay algo que los hace muy especiales: los Peta Zetas "explotan" cuando te los comes, a diferencia de los caramelos tradicionales. El secreto: burbujas de CO_2. ¡Ahora sí están listos para comer!

Creados por William Mitchell (que fue científico gastronómico) en 1956 y vendidos por todo el mundo por Zeta Espacial. La empresa que los fabrica es española y está en Barcelona.

En los últimos años, la cocina de vanguardia ha sabido aprovechar este tipo de caramelo para renovarse. Tanto es así, que Ferrán Adriá está desarrollando recetas para incorporar los Peta Zetas en sus platos.

Texto adaptado de: http://www.muyinteresante.es/innovacion/alimentacion/articulo/el-secreto-de-los-peta-zetas-es-el-co2

Tres razones para tomar el sol

Estamos en verano y no hay nada mejor que hacer que irnos a la playa a tomar el sol. ¿Por qué? A continuación vas a conocer tres beneficios que te van a hacer pasar más tiempo al sol:

- El sol es la principal fuente para la producción de vitamina D, que combate la somnolencia diurna, reduce los síntomas de la depresión, fortalece los músculos y ayuda a absorber el calcio.
- Tomar el sol reduce las probabilidades de padecer cáncer.
- El sol a mediodía es bueno para la salud. Lo ideal, según los investigadores, es tomar el sol sin protección, durante un máximo de ocho minutos, si son las doce del mediodía y el cielo está despejado.

Texto adaptado de: http://www.muyinteresante.es/salud/articulo/cuatro-razones-saludables-para-tomar-el-sol-911366202013

estado unidence — AMERICAN

| 1.2. | 😊 🌀 Di si las siguientes afirmaciones son verdaderas o falsas y rectifica las falsas.

1 Con las nuevas gafas de Google se puede grabar la voz. . . . . ☒ F

....

2 Las nuevas *Google Glass* no se diferencian aparentemente de unas gafas tradicionales. . . . . . V ☒

....

3 El secreto de los Peta Zetas es la adecuada combinación de azúcar y saborizantes. . . . . V ☒
el secreto es que explota en tu boca porque tiene burbujas de CO_2

4 La cocina de vanguardia está incorporando los Peta Zetas a sus platos. . . . . V F

.... *cuerpo – anything that creates*

5 Si tomamos el sol, nuestro cuerpo fabrica vitamina D. . . . . V F

....

6 Tomar el sol a las 15:00h, durante un mínimo de 8 minutos es muy bueno para la salud. . . . . V ☒
medio dia, pero no de verano

> | **2** | Vuelve a leer los textos y fíjate en las frases con *ser* y *estar* que aparecen resaltadas en diferentes colores. Analízalas con atención y, luego, completa la información del cuadro. Compara tu respuesta con tu compañero.

Usos de *ser* y *estar*

✗ El verbo *ser* sirve para:

- **Identificar:**
  - Soy Manuel.
  - [1] *google es una de las empresas mal conocidas.*

- Decir la **nacionalidad:**
  - [2] Es estadounidense.
  - [3] *a nivel la internacionalidad*

- Decir la **profesión:**
  - Es profesor.
  - [...] [4] *fue un científico gastronómico*

- Hablar de la propiedad o **pertenencia:**
  - Esta casa es de mis padres.

- Hablar de **características inherentes** (propias) a una cosa, lugar, persona:
  - La nieve es blanca.

- **Valorar** un hecho, una cosa o una persona:
  - [5] *el sol de mediodía es bueno*

- Decir la **hora** y la **fecha:**
  - [6] *las doce del mediodía*
  - Hoy es sábado.

- Decir el **material** de una cosa:
  - La mesa es de madera.

- Referirse a la **celebración** de un acontecimiento o suceso (fecha, lugar):
  - Nuestra boda es el próximo verano.
  - La conferencia es en el Palacio de Congresos.

✗ El verbo *estar* sirve para:

- Ubicar o **localizar** cosas, lugares y personas:
  - [7] Su sede está en California.
  - [8] *esta en barcelona*

- Hablar del **estado físico** y de **ánimo:**
  - Está fuerte por la gimnasia.
  - ¡Estoy contento!

- Marcar el **resultado de una acción** o el fin de un proceso:
  - [9] *ahora estamos listo para comer*

- Hablar de **características no inherentes** (no propias) a una cosa, lugar o persona:
  - [10] El cielo está despejado.
  - Los niños están muy tranquilos hoy.

- Para **valorar**, delante de *bien* y *mal*:
  - [11] *están muy bien el...*
  - Decir mentiras está mal.

- Referido a personas, con la preposición *de*, acción o **trabajo temporal:**
  - Ricardo es profesor pero está de cocinero.

- En primera persona del plural se usa para situarnos en el **tiempo:**
  - [12] *estamos en verano*
  - Estamos a 8 de enero.

- *Estar* + gerundio indica una **acción en desarrollo:**
  - [13] *Adrián esta desarrollando recetas*

Fíjate

✗ En español estos verbos sirven para hablar de las características de personas, animales, cosas, lugares, acontecimientos… Cuando esas características son propias del sujeto y forman parte de su naturaleza, entonces es normal utilizar el verbo ***ser:***
- —La nieve **es** blanca.
- —Mi padre **es** muy simpático.

En cambio, cuando esas características no forman parte de la naturaleza del sujeto, habitualmente se usa el verbo ***estar:***
- —**Estoy de** profesora en un colegio de niños pero soy bióloga.
- —Mis padres **están** muy enfadados porque no hago los deberes.

| 2.1. | 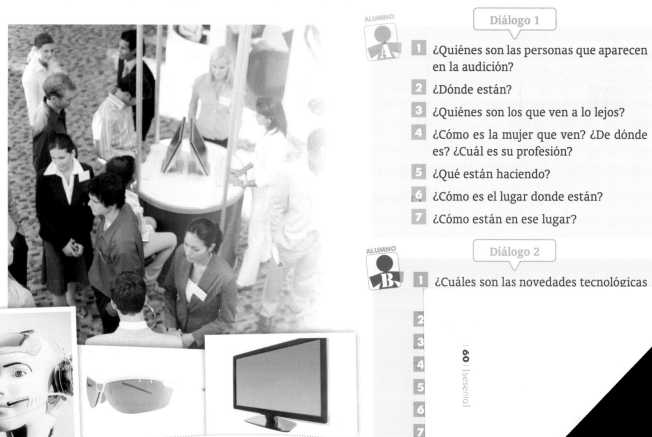 Completa las frases con la opción adecuada. Luego di a qué uso de *ser* o *estar* corresponden.

	USO
1 La última película de Almodóvar ......*es*...... mala, no ......*era*...... interesante. . .	VALOR
2 ~~*son*~~ *es* .... las diez de la mañana, tenemos que salir ya.	~~tiempo~~ HORA
3 El teatro al que vamos ......*esta*...... en el centro.	localizar (LUGAR)
4 Sandra ......*es*...... muy cansada, trabaja diez horas al día. ¡No para!	ACCIÓN DE DESAROLLO
5 Me ha dicho mi jefe que la nueva secretaria ......*es*...... danesa.	NACIONALIDAD
6 Como ......*es*...... en verano, tenemos que beber mucha agua.	
7 Acabo de enterarme de que el examen DELE ......*es*...... el próximo mes.	CELEBRACIÓN
8 Juan ......*es*...... arquitecto pero ahora ......*esta*...... de albañil.	TRABAJO TEMPORAL
9 Mi padre ......*esta*...... preparando la cena.	ACCIÓN DE DESAROLLO
10 Hoy ......*es*...... sábado y ......*esta*...... bien descansar.	HORA Y FECHA / ~~~~
11 ¿Conoces a María? ......*es*...... rubia y tiene el pelo rizado.	IDENTIFICAR
12 Me he comprado una casa y ya ......*esta*...... lista para vivir.	RESULTADO DE UNA ACCIÓN
13 He ido a la playa y el mar ......*esta*...... revuelto, no me he podido bañar.	CARASTERISTICA, NO INHERENTE
14 La boda ......*esta*...... en una finca particular que ......*es*...... del padre del novio. .	PERTENENCIA

| 2.2. | 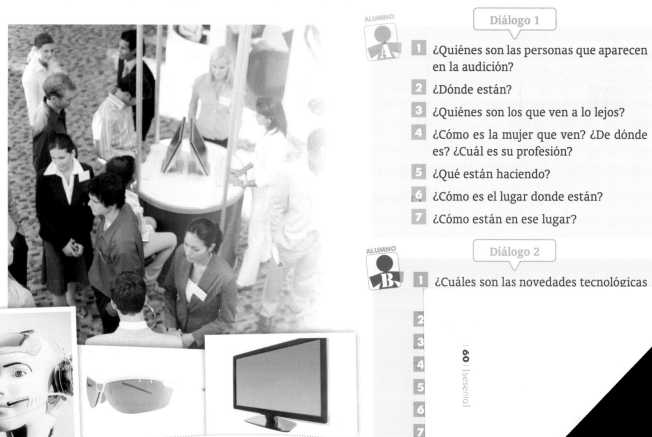 Vamos a hacer un juego. A continuación, tu profesor te va a dar una ficha. Sigue sus instrucciones.

> | 3 | 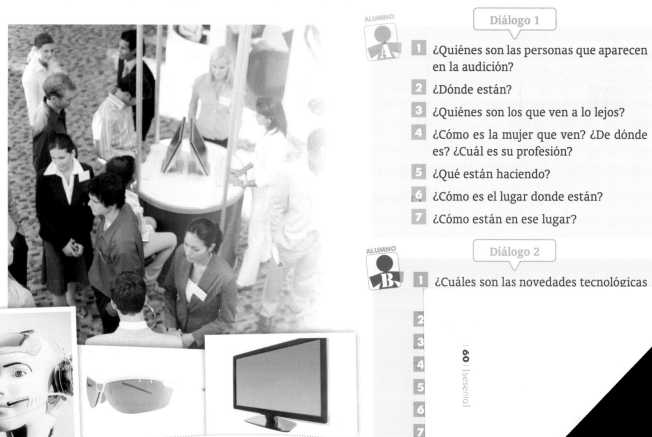 Elige si quieres ser alumno A o alumno B. Lee las preguntas que te corresponden según la elección. Luego, escucha la audición y responde.

| 26 |

ALUMNO A

Diálogo 1

1 ¿Quiénes son las personas que aparecen en la audición?

2 ¿Dónde están?

3 ¿Quiénes son los que ven a lo lejos?

4 ¿Cómo es la mujer que ven? ¿De dónde es? ¿Cuál es su profesión?

5 ¿Qué están haciendo?

6 ¿Cómo es el lugar donde están?

7 ¿Cómo están en ese lugar?

ALUMNO B

Diálogo 2

1 ¿Cuáles son las novedades tecnológicas

2
3
4
5
6
7

| 3.1. | 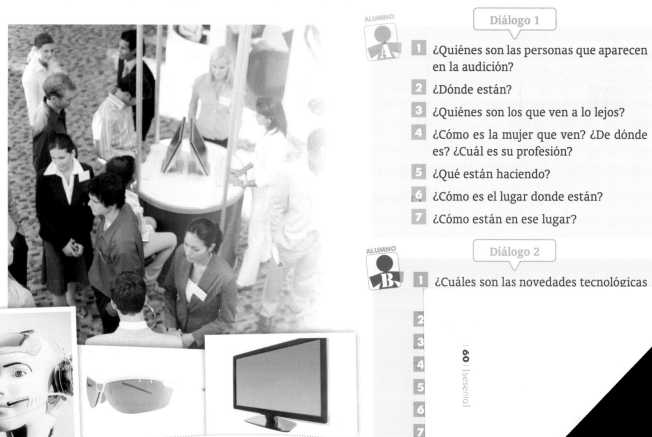 ¿Puedes responder a las preguntas del alumn[ ] vez? ¿Por qué? Coméntalo con tus compañeros.

3.2. Sois periodistas y tenéis que escribir una crónica describiendo las novedades tecnológicas de la feria. Seguid estos pasos.

1 Formad dos equipos, juntando alumnos A y B, según la actividad 3.

2 Compartid la información que tenéis según el audio anterior.

3 Haced una relación de las novedades que Juan y María ven en la feria, añadid otras novedades tecnológicas que os llamen la atención y repartidlas entre los dos equipos.

4 Un miembro del equipo se encarga de escribir una introducción sobre la feria. El resto de miembros del grupo se reparte las novedades y cada uno, individualmente, escribe una descripción del objeto que le ha tocado, aportando, si es posible, alguna imagen. Para escribir la descripción, podéis seguir los modelos de la actividad 1.1.

5 Haced una puesta en común de vuestros escritos. Intercambiadlos para corregirlos y aportar información nueva, si la tenéis.

6 Una vez que son definitivos, el encargado de escribir la introducción los ordena y escribe una conclusión.

7 Al final, cada equipo presenta al resto de la clase su trabajo. Se hace una versión definitiva de la introducción y conclusión ya escritas.

8 Por último, uno de vosotros escribe el artículo en limpio con los escritos de ambos equipos, mientras los demás observan, corrigen y hacen sugerencias para colocar las imágenes.

Oraciones de relativo con indicativo

✗ Cuando queremos referirnos a un nombre que ya hemos dicho en la frase para añadir información sobre él, usamos *que* o *donde*:

- Sustantivo + *que* + frase:
  - *Es un pequeño **robot que** ayuda a los niños a hacer los deberes.*

- Sustantivo + *donde* + frase:
  - *La feria está en un **lugar donde** hay metro y pasan muchos autobuses.*

3.3. Analiza la actividad que acabas de realizar y elige una de las opciones, según tu experiencia.

1 [1] Me ha gustado mucho / [2] Me ha gustado / [3] No me ha gustado nada cuando mis compañeros han corregido mi texto porque...
....

2 [1] Me ha sido útil / [2] No me ha sido útil cuando mis compañeros han corregido mi texto porque
....
....

3 [1] Me ha gustado mucho / [2] Me ha gustado / [3] No me ha gustado nada corregir los textos de mis compañeros porque...
....

4 [1] Me ha sido útil / [2] No me ha sido útil corregir los textos de mis compañeros porque...............
....

5 [1] Me ha sido útil / [2] No me ha sido útil trabajar con un borrador antes de hacer el texto definitivo porque..
....

esta actividad me he dado cuenta de que trabajar en equipo [1] puede ayudarme / [2] no puede
....rme a aprender más eficazmente porque...
....

>| 1 | Relacionad estas fotografías con las siguientes palabras y expresiones. ¿A qué acontecimiento se refieren?

| ✗ ramo | ✗ pétalos y arroz | ✗ arras | ✗ ~~tarta nupcial~~ | ✗ ~~anillos~~ |

A TARTA NUPCIAL **B** ARRAS **C** ANILLOS **D** PÉTALOS Y ARROZ **E** RAMO

| **1.1** | | 27 | Joaquín, español, va a casarse dentro de poco. Su amigo Ignacio, mexicano del estado de Morelos, va a asistir a la boda. Escucha la conversación y ordena los pasos.

3 Establecimiento de la fecha de la boda.

5 Entrega de regalos y anillos.

1 Informar a los padres de los novios.

10 Celebración en casa del novio.

4 Segunda visita a la casa de la novia.

9 Ceremonia de casamiento.

6 Comida con café y tamales.

7 Fiesta en casa de la novia.

8 Ceremonia de velación.

2 Visita a casa de la familia de la novia para obtener permiso para casarse.

| **1.2.** | Lee las siguientes frases que se dicen en la conversación anterior. ¿Cuáles expresan una comparación? Señálalas.

1 ☐ Eso es igual que en España.

2 ☐ Yo creo que nos lo pasaremos muy bien.

3 ☐ He oído que en la región de Morelos casarse es especial.

4 ☐ Es menos formal que allí.

5 ☐ No es tan diferente.

6 ☐ ¿Eso qué es?

7 ☐ ¡No lo sabía! ¡Qué curioso!

8 ☐ Eso es tan importante como en España.

9 ☐ Es completamente diferente a lo que ocurre en España.

10 ☐ Es como aquí.

11 ☐ Es raro que se celebre en casa.

12 ☐ En Morelos es más tradicional que aquí.

13 ☐ No lo sabía, qué curioso.

14 ☐ Es parecido.

15 ☐ Aquí se celebra en un salón de bodas.

16 ☐ Es similar a la de aquí.

| 1.3. | 👤⚙️ Comprueba el resultado de la actividad anterior con la siguiente información.

Hacer comparaciones

✗ Cuando se comparan dos elementos que son **iguales** o **parecidos**:

- ***Tan*** + adjetivo/adverbio + ***como***:
  – *Eso es **tan** importante **como** en España.*

- ***Tanto/tanta/tantos/tantas*** + sustantivo + ***como***:
  – *Tiene **tanto** dinero **como** tú.*

✗ Cuando se comparan dos elementos en el que uno es **inferior** o **menor** que otro:

- ***Menos*** + sustantivo/adjetivo/adverbio + ***que***:
  – *Es **menos** formal **que** allí.*

✗ Cuando se comparan dos elementos en el que uno es **superior** o **mayor** que otro:

- ***Más*** + sustantivo/adjetivo/adverbio + ***que***:
  – *Es **más** tradicional **que** aquí.*

✗ Hay varios **comparativos irregulares**:

- *malo* ➜ *peor*   • *bueno* ➜ *mejor*   • *grande/viejo* ➜ *mayor*   • *pequeño/joven* ➜ *menor*

  – *Mi móvil es **mejor** que el de mi hermano.*

✗ Cuando se comparan situaciones en general, se pueden usar estas expresiones:

- Es **igual/similar/parecido** (a...):
  – *Es **similar a** la de aquí.*

- Es **distinto**/(completamente) **diferente** (a...):
  – *Es completamente **diferente a** lo que ocurre en España.*

| Cultura |

| 1.4. | 👤⚙️ En el siguiente texto se explican algunas diferencias entre las bodas de España e Hispanoamérica. Con la información anterior y las palabras del cuadro, completa el texto adecuadamente.

> ✗ más   ✗ tan   ✗ como   ✗ que

Una boda tiene tantas tradiciones [1] .... países existen. Por ejemplo, en Chile, los prometidos llevan los anillos en la mano derecha hasta la boda, que es cuando los cambian a la mano izquierda. En el resto de países hispanos es lo contrario.

En las ceremonias católicas de España, México y Panamá, el cortejo también lleva las arras. Las arras son trece monedas bendecidas que el novio entrega a la novia. El número 13 traerá la prosperidad económica a la futura familia.

En Guatemala, las parejas se "atan" con un lazo plateado en un momento de la ceremonia. En México, los novios colocan un rosario o una cinta blanca alrededor de sus hombros, en forma de ocho, simbolizando la unión eterna.

También, como has visto, existen diferencias entre España e Hispanoamérica.

Los bailes en las bodas españolas son más clásicos [2] .... en las hispanoamericanas. La comida es también un poco diferente. En España la comida es [3] .... sencilla que en Hispanoamérica, aunque no por ello es de mala calidad. En Hispanoamérica la comida es más casera que en España. La bebida también varía. Los españoles beben más vino que los hispanoamericanos. Pero hay una cosa común, los españoles se lo pasan [4] .... bien como los hispanoamericanos en sus celebraciones nupciales. ■

>| **2** | 🎭 🌐 Observad atentamente las fotografías, ¿quiénes son? ¿Qué están haciendo?

| **2.1.** | 🎧 🔊
| 28 |

Escucha el diálogo y comprueba la respuesta de la actividad anterior. Di si estas afirmaciones son verdaderas o falsas. Justifica tus respuestas.

1. Ana quiere preparar una despedida de soltera para su amiga Marta. . . . . V . . F
2. Edurne dice que se encontró a todas sus amigas vestidas de novia. . . . . V . . F
3. Edurne se vistió con el traje de "novia". . . . . V . . F
4. Edurne se vistió de "novia" en el restaurante. . . . . V . . F
5. Después de cenar, fueron a bailar al centro. . . . . V . . F
6. Edurne quiere ayudar a Ana a organizar la despedida de Marta. . . . . V . . F
7. Han quedado para mañana. . . . . V . . F

Intercultura

>| **3** | ♻ 🌐 Ahora que ya conocéis algunas costumbres en las bodas de algunos países hispanos, comparadlas con las de vuestro país. Organizaos en grupos de tres personas y haced una lista de comparaciones en relación a la ceremonia, los novios, las despedidas de solteros, etc. Si sois de diferentes países, agrupaos por nacionalidades y haced una presentación a la clase comparando estas tradiciones con las de vuestro país. ¿Qué cosas curiosas habéis aprendido?

❸ ES QUE NO SE PUEDE

GOOD MANNERS

>| **1** | 🎭 🎯 ¿Qué son los "buenos modales"? Escribid una definición. Podéis usar el diccionario. ¿Qué situaciones se os ocurren donde es muy importante tener buenos modales?

"Tener buenos modales" significa... HACER COSAS QUE ESTAN ACEPTADADA EN TU SOCIEDAD, Conformar con las reglas de educación social. — COMPORTAMIENTO → acciones que son de buena educación

Es importante tener buenos modales cuando... . . . .

| **1.1.** | 🎭 🌐 Leed vuestras definiciones y llegad a una común. Luego, elegid las cinco situaciones en las que todos creéis que es especialmente importante tener buenos modales y escribidlas en la pizarra.

> | **2** | ¿Sabes qué buenos modales debemos tener en la mesa? El siguiente artículo establece una serie de normas básicas para comportarse correctamente en la mesa. Sin embargo, por un error, se han incluido tres recomendaciones que nada tienen que ver con el tema del artículo. Localízalas. ¿A qué contexto o situación pertenecen?

¡Esos modales!

En la mesa los modales cobran un gran protagonismo y es una situación perfecta para demostrar que tenemos una buena educación. Tanto los niños como los adultos debemos guardar unas ciertas normas o reglas de educación que evitan situaciones desagradables o comprometidas. A continuación, te ofrecemos algunas sugerencias a tener en cuenta cuando estamos sentados a la mesa:

1. **No está bien visto** comer con la televisión encendida.
2. **Está prohibido** utilizar el móvil durante las clases.
3. Si te tienes que levantar de la mesa a media comida, **debes** pedir permiso y pedir disculpas. **Está muy mal visto** levantarse de la mesa de forma repentina y sin razón aparente.
4. Comer con las manos solo **está permitido** en casos muy concretos. Además, **no se puede** jugar con los cubiertos ni llevarse la comida a la boca con el cuchillo.
5. **No se debe** llenar una copa o un vaso hasta los bordes.
6. **Debes** apuntar los deberes en tu agenda a diario.
7. **Está bien visto** dejar limpio el lugar donde has comido.
8. Los platos no se tocan. **No se debe** inclinar un plato para terminar la sopa o girarlo para tomar una guarnición, por ejemplo.
9. La bebida **se debe** tomar a pequeños sorbos y sin hacer ruido. La comida hay que tomarla a pequeños bocados que debemos masticar y tragar antes de comer otra porción.
10. Durante una presentación de un compañero **puedes** tomar notas o interrumpir educadamente para pedir alguna aclaración, pero **está mal visto** hablar con otros compañeros. ■

Adaptado de http://www.protocolo.org/social/en_la_mesa/protocolo_mesa.html

> | **3** | Volved a leer las normas y fijaos en las frases resaltadas. Todas estas expresiones se usan para un fin determinado. Aquí aparecen ordenadas. Leed para qué se usan y elegid el título más adecuado para el cuadro entre las opciones que están debajo.

Expresar

✗ Para hablar de normas y obligaciones, de manera informal, puedes usar las siguientes estructuras:

- *(No)* **Poder/deber** + infinitivo:
  – *Durante una presentación de un compañero* **puedes** *tomar notas.*
  – **Debes** *apuntar los deberes en tu agenda a diario.*

✗ En situaciones formales, y sobre todo en lengua escrita, en los textos que expresan de manera directa normas y obligaciones, se usan estructuras impersonales:

- *(No)* **Se puede/debe** + infinitivo:
  – *No* **se puede** *jugar con los cubiertos.*
  – *No* **se debe** *inclinar el plato.*

- *(No)* **Está permitido/Se permite** + infinitivo:
  – *Comer con las manos solo* **está permitido** *en casos muy concretos.*

- *(No)* **Está bien/mal visto** + infinitivo:
  – **Está mal visto** *levantarse de la mesa.*

- **Está prohibido/Se prohíbe** + infinitivo:
  – **Está prohibido** *utilizar el móvil durante las clases.*

✗ Estas estructuras, en la lengua oral, pueden resultar descorteses y se usan para advertir al interlocutor:
  – *Por favor, señor, no está permitido tener el móvil conectado durante el vuelo.*

✗ mandato y obligación

✗ necesidades y preferencias

✗ obligación, permiso y prohibición

✗ quejas y protestas

| **3.1.** | ¿Qué buenos modales soléis tener en clase? ¿Qué pensáis de las normas de la clase? ¿Os gustaría cambiar alguna? En grupos, discutid en relación a estos temas: ropa, horarios, móvil, convivencia, material, comida, respeto por los compañeros y el profesor... Una vez que os pongáis de acuerdo, elaborad un decálogo de normas. Recordad las expresiones del cuadro anterior.

El decálogo de mi grupo

| **3.2.** | Levantaos y leed las normas que han escrito el resto de grupos. Uno de vosotros escribe en la pizarra las normas en las que coincidís todos. Después, tenéis que llegar a un consenso sobre el resto de normas sugeridas por los grupos para completar el decálogo. Pensad en qué sugerencias son mejores para todos. Debéis justificar vuestros argumentos.

| **3.3.** | Una vez consensuadas las normas de clase, haced un cartel con ellas y colgadlo en un lugar visible de la clase. Podéis incluir imágenes.

| **Sensaciones** |

> | **4** | Explica a tu compañero cómo te sientes en las siguientes situaciones y comparte con él tus sensaciones.

1 Estás hablando en español y el profesor está tomando notas.
- a. inquieto/a
- b. sorprendido/a
- c. satisfecho/a

2 Mientras estás hablando, una persona del grupo está hablando con el compañero.
- a. enfadado/a
- b. indiferente
- c. inseguro/a

3 Preguntas por una dirección en la calle y no te entienden.
- a. nervioso/a
- b. sorprendido/a
- c. molesto/a

4 Estás respondiendo a una pregunta y un compañero te interrumpe constantemente.
- a. nervioso/a
- b. indiferente
- c. molesto/a

>| **1** | 👤🔊 | 29 | Vas a escuchar dos series de palabras. La primera serie contiene palabras con /t/ y la segunda, palabras con /d/. Repite después de cada palabra.

Palabras con /t/

× taba   × roto
× tía   × aceituna
× toro   × dátil
× puerta × aceptar
× tuna   × atinar
× tema   × aceite
× antena × abierta

Palabras con /d/

× daba   × coged
× sed   × dado
× además × duro
× dolor   × abedul
× adivino × Madrid
× deuda   × diablo
× abordo × conducir

>| **2** | 👤🔊 | 30 | Escucha y escribe estas palabras según su orden de aparición en el audio.

× dedal × gordo × taco × dato × tú × Madrid × duna × corto × acorde

	día		timo				tema	
	toro		don					
puerta		ayuda		meter				tino	
adivinar						actúa	

>| **3** | 👤🔊 | 31 | Marca la palabra del par que escuches.

☐ dé / ☐ té   ☐ domo / ☐ tomo   ☐ rada / ☐ rata   ☐ codo / ☐ coto
☐ dos / ☐ tos   ☐ domar / ☐ tomar   ☐ saldo / ☐ salto   ☐ tienda / ☐ tienta
☐ duna / ☐ tuna   ☐ día / ☐ tía   ☐ soldado / ☐ soltado ☐ seda / ☐ seta

>| **4** | 👤🔊 | 32 | Vas a escuchar un programa de radio sobre el español en el mundo donde se analiza la situación de la lengua y cultura hispanas en distintas regiones geográficas. Primero, escucha atentamente la audición. En una segunda escucha, fíjate en los países que se mencionan que contienen en su nombre *t* o *d*, y escríbelos en su lugar correspondiente.

▸ Países con *t*

• ....   • ....
• ....   • ....
• ....   • ....

▸ Países con *d*

• ....   • ....
• ....   • ....
• ....   • ....

> | **5** | Formad grupos de tres y leed estos trabalenguas. Ahora, intentad repetirlos. Gana el que consigue repetirlos correctamente en el menor tiempo posible.

Yo soy Diego, yo nada digo.
Si digo o no digo, soy Diego.
Pero si Diego soy, yo lo digo.
Digo que sí lo digo, soy Diego.

Tres tristes tigres
comen trigo en un trigal,
el primer tigre que acabe
se atragantará.

¿Qué he aprendido?

1 Clasifica las siguientes frases según su uso. Hay dos incorrectas. Localízalas y corrígelas.

	Lugar	Tiempo	Descripción de la persona	Estados de la persona	Profesión	Otros
1 ¡Qué contenta estoy!	○	○	○	○	○	○
2 María es médica.	○	○	○	○	○	○
3 El cielo es azul.	○	○	○	○	○	○
4 Hoy es sábado.	○	○	○	○	○	○
5 Pepe está durmiendo la siesta.	○	○	○	○	○	○
6 Estamos en abril.	○	○	○	○	○	○
7 Mi casa está por el centro.	○	○	○	○	○	○
8 Mi hijo es rubio.	○	○	○	○	○	○
9 Ese chico está mulato.	○	○	○	○	○	○
10 Estoy de profesora en una escuela de español.	○	○	○	○	○	○
11 Soy muy nervioso hoy, no sé qué me pasa.	○	○	○	○	○	○
12 El concierto es en el auditorio.	○	○	○	○	○	○

2 Imagínate que estás en un hospital. Piensa en una cosa que está prohibida, otra que se debe hacer y otra que no se puede hacer. Exprésalo por escrito.

....

....

3 Escribe una frase comparativa sobre estos elementos.

- La luna/el sol ....
- España/México ....
- Las bodas en España/en mi país ....
- La comida italiana/la comida china ....

4 Compara tus ejercicios de expresión escrita de esta unidad con los de las primeras veces que empezaste a escribir en español. ¿Has notado diferencias? Explícalas.

....

....

5 Al estudiar costumbres de diferentes países hispanos y compararlas con las de tu país, ¿ha cambiado tu opinión sobre los diferentes temas? ¿Crees que eres más abierto?

....

....

6 ¡CÓMO ÉRAMOS ANTES!

Contenidos funcionales
- Describir personas y acciones habituales en el pasado.
- Evocar recuerdos.
- Comparar cualidades y acciones y establecer diferencias.
- Hablar de hechos, hábitos y costumbres del pasado comparados con el presente.

Contenidos gramaticales
- Morfología y uso del pretérito imperfecto.
- Marcadores temporales de pretérito imperfecto: *antes*, *mientras*, *siempre*, *todos los días*, *cuando*…
- *Recordar/Acordarse de*.
- Contraste pretérito imperfecto/presente de indicativo.
- *Soler* + infinitivo.

Tipos de texto y léxico
- Texto informativo.
- Foro de discusión.
- Sinónimos y antónimos.
- Acepciones de una palabra.
- Léxico relacionado con el móvil.
- Léxico sobre la movida madrileña.

El componente estratégico
- Contrastar la forma estructural de transmitir información en español con la de la lengua materna.
- Estrategias para inferir varios significados de una palabra.
- Inferir el cambio de significado de un párrafo según el uso de antónimos y sinónimos.

Contenidos culturales
- Juegos y objetos tradicionales en España.
- Adelantos técnicos informáticos: el móvil.
- Los años 80 en España: la movida madrileña.
- Los años 80 en Chile.

Ortografía/Fonética
- Contraste de los sonidos /k/ y /g/.
- Reglas de ortografía de c/qu/k.

1 ¿CÓMO ERA LA VIDA SIN MÓVIL?

>| 1 | Fíjate en esta imagen. ¿Qué piensas cuando ves estos teléfonos? ¿Qué intenta expresar la imagen? Coméntalo con tus compañeros.

| 1.1. | 🔊 |33| Escucha la historia del móvil y anota las características de su evolución.

> Primer móvil	> Segunda generación de móviles	> Móviles actuales

 Fíjate

✗ En España se usa el término **teléfono móvil**, o simplemente, **móvil**. En Hispanoamérica, el término habitual es **celular**.

| 1.2. | Comparad vuestros resultados y comentadlos con el resto de la clase.

> | **2** | Vas a leer las intervenciones en un foro donde usuarios de móviles comentan cómo era su vida sin teléfono móvil. Antes de leer, elige cuál de las siguientes opiniones crees que es la mayoritaria. Luego, lee y comprueba tu respuesta.

1 La vida sin móvil era muy aburrida y la mayor parte del tiempo la gente no sabía qué hacer.

2 La vida sin móvil era más libre. Nadie te controlaba y la comunicación entre las personas era más fluida.

3 La vida sin móvil era peligrosa. Si, por ejemplo, tenías un accidente de coche, no podías avisar a nadie y estabas horas y horas esperando en la carretera.

4 La vida sin móvil era muy lenta. Había que esperar a llegar a casa o al trabajo para poder resolver los diferentes problemas e imprevistos que se presentaban.

5 Era muy agradable por un lado pero, por otro, la gente no se comunicaba ni hablaba como ahora.

Foro - ¿Cómo era mi vida antes del móvil?

○○○

Foro Conectados

+ Crear nuevo foro

🔍 Buscar

Los foros > Móviles > ¿Cómo era mi vida antes del móvil?

 Era bastante más agradable, me parece recordar.
Antes, la vida sin móviles era bastante más libre. No estabas constantemente controlado como ahora. De todas formas, si quieres un consejo, te lo doy: intenta no llevarlo nunca. Solo cuando vas de viaje o en casos de extrema necesidad. Verás qué bien estás. Yo lo hago algunas veces y me encuentro más libre.

enviado el 31/08 a las 18:03   por: MARIAN

 Normalmente las personas estaban menos tensas porque la gente aprendía a tener paciencia, si no te localizaban en un teléfono fijo entonces te esperaban. Pero ahora, si no respondes al móvil, se desesperan… La vida era menos agitada y no había esta esclavitud… Hoy hay mucha gente que se pone enferma si no suena el móvil. Y lo más importante: la gente te atendía cuando hablabas… Ahora, en las reuniones hay mucha gente más pendiente del móvil que de las personas que tienen enfrente.

enviado el 31/08 a las 20:34   por: SIRO

 Se podría decir que yo nací con un móvil en la mano. Y solo veo muchas cosas positivas… Puedes contactar con las personas que quieres o necesitas en cualquier momento del día, estés donde estés. Antes no. No sé cómo podían vivir sin él. Es fenomenal. No me imagino la vida sin móvil.

enviado el 1/09 a las 10:00   por: LUCÍA

 Yo creo que la vida sin celulares era feliz… Ahora saben dónde estoy y qué hago todo el tiempo… Recuerdo, cuando yo era adolescente, que salía con mis amigos y tenía que estar en casa a las 10 de la noche. Pero mis padres casi nunca podían localizarme: "¿Dónde estás?, ¿Qué haces?". Hasta las 10 yo era libre, no tenía que dar explicaciones a nadie…

enviado el 1/09 a las 10:35   por: ROBERTO

 ¡Maravillosa! Tenías más tiempo para ver a la gente que te interesaba en persona, y tenías la oportunidad de conversar más mientras te tomabas algo, y podías perderte un rato 😊. El celular te obliga a estar disponible siempre y te pueden llamar en cualquier momento, ya no hay vida privada… Bueno, ya te imaginas, antes teníamos la costumbre de no interrumpir a horas inapropiadas, muy temprano o después de las diez de la noche, no se hablaba por teléfono mientras comíamos, y siempre se tenía la cortesía de preguntar si interrumpías… Ahora eso se acabó, el celular acabó con las buenas costumbres.

enviado el 1/09 a las 12:00   por: AZABACHE

 No vivíamos tan estresados, nunca regresábamos a casa cuando se nos olvidaba el móvil. Teníamos un número por familia; ahora tenemos uno por cada miembro de la familia. Lo mejor era que nadie te llamaba a cada rato para preguntarte dónde estabas, con quién y a qué hora ibas a llegar.

enviado el 1/09 a las 12:05   por: LEO

| **2.1.** | 🌐 ⚙️ Volved a leer las opiniones y anotad cinco frases referentes a cómo era antes la vida sin el móvil y cómo es ahora.

ANTES (sin móvil)

…tenías más tiempo para ver a la gente.

1 ....

2 ....

3 ....

4 ....

5 ....

AHORA (con móvil)

…saben dónde estoy y qué hago todo el tiempo.

1 ....

2 ....

3 ....

4 ....

5 ....

| **2.2.** | 🌐 ⚙️ Analizad las frases que habéis anotado en el cuadro "Antes". Esta nueva forma verbal, que se refiere al pasado, es el pretérito imperfecto. Deducid las formas que faltan, analizando la información del cuadro.

El pretérito imperfecto: verbos regulares e irregulares

✖ Verbos **regulares**:

	✖ Verbos en *–ar* ✖	✖ Verbos en *–er* ✖	✖ Verbos en *–ir* ✖
	Est**ar**	Ten**er**	Sal**ir**
Yo	est**aba**	ten**ía**	[5] ....
Tú	est**abas**	[3]	sal**ías**
Él/ella/usted	[1]	ten**ía**	sal**ía**
Nosotros/as	est**ábamos**	[4]	sal**íamos**
Vosotros/as	est**abais**	ten**íais**	[6] ....
Ellos/ellas/ustedes	[2]	ten**ían**	sal**ían**

📢 **Fíjate** ••

✖ Los verbos en *–er/–ir* tienen las mismas terminaciones.

✖ La primera y la tercera persona del singular tienen la misma forma en las tres conjugaciones.

✖ Solo hay tres verbos **irregulares**:

	✖ Ser ✖	✖ Ir ✖	✖ Ver ✖
Yo	era	iba	veía
Tú	eras	ibas	veías
Él/ella/usted	era	[8]	veía
Nosotros/as	éramos	íbamos	[9] ....
Vosotros/as	[7]	ibais	veíais
Ellos/ellas/ustedes	eran	iban	veían

Ahora lee para qué se utiliza el imperfecto de indicativo y completa los ejemplos.

Usos del pretérito imperfecto

✗ El pretérito imperfecto es un tiempo **pasado** que presenta la acción como un **proceso** sin indicar su final, en contraste con el pretérito indefinido que presenta las acciones completamente terminadas.

Por esta razón, el imperfecto se usa para:

* Expresar acciones **habituales** en el pasado:
  - Cuando (ser, yo) _era_ adolescente, (tener, yo) _tenía_ que estar en casa a las 10 de la noche.

* **Describir** personas, cosas o lugares en el pasado:
  - No (vivir, nosotros) _vivíamos_ tan estresados.

* Expresar dos acciones **simultáneas** en el pasado:
  - Siempre se (tener) _tenía_ la cortesía de preguntar si (interrumpir, tú) _interrumpías_

✗ Las **expresiones temporales** que acompañan al pretérito imperfecto:

* Expresan **habitualidad**: generalmente, habitualmente, normalmente; a veces, muchas veces, siempre, casi siempre, nunca, casi nunca, a menudo, todos los días/los meses/los años, por las mañanas/las tardes/las noches…
  - Normalmente las personas (estar) _estaban_ menos tensas porque la gente (aprender) _aprendían_ a tener paciencia.
  - Mis padres casi nunca (poder) _podían_ localizarme.

* **Evocan una época** del pasado: antes, cuando era pequeño/a, cuando vivía en Sevilla…
  - Antes la vida sin móviles (ser) _era_ bastante más libre.

* O sirven para hablar de **dos acciones simultáneas**: mientras, cuando…
  - No se (hablar) _hablaba_ por teléfono mientras (comer, nosotros) _comíamos_
  - Nunca _regresábamos_ (regresar, nosotros) a casa cuando se nos _olvidamos_ (olvidar) el móvil.

| **Intercultura** |

>| **3** | ¿Existe alguna forma o expresión verbal en vuestra lengua materna para hablar así del pasado? ¿Cómo lo expresáis? Escribid la correspondencia con vuestra lengua materna de algunas de las frases que habéis visto en la actividad 2.1.

EN ESPAÑOL	*EN MI LENGUA*
– Antes la vida sin móviles era bastante más libre. – No vivíamos tan estresados, nunca regresábamos a casa cuando se nos olvidaba el móvil.	

> **4** ¿Tienes un teléfono inteligente (*smartphone*)? Piensa qué ha supuesto en tu vida con respecto al móvil tradicional. Escribe en el foro anterior, introduciendo una nueva entrada sobre este tema. Puedes seguir el modelo de las intervenciones anteriores.

○○○   Foro - ¿Cómo era mi vida antes del móvil?

Foro Conectados

+ Crear nuevo foro   🔍 Buscar

Los foros > Móviles > ¿Cómo era mi vida antes del móvil?

....

....

....

....

....

El foro

✗ El **foro** es un entorno web donde distintas personas *conversan* sobre un tema de interés común. Es, esencialmente, una técnica oral, realizada en grupos. Es importante saber que:
- Se debe utilizar un lenguaje informal, pero respetuoso.
- Se debe escribir correctamente, sin faltas de ortografía y sin cortar palabras.
- No se debe escribir en mayúsculas, ni en el título ni en el cuerpo del mensaje, porque es una falta de educación.
- El título debe ser corto y preciso para conocer fácilmente de qué trata el mensaje o artículo (*post*).

2 ¡TANTOS RECUERDOS!

| Cultura |

> **1** Observa las siguientes imágenes. Estos eran juegos populares en España en los años ochenta. ¿Los conoces? ¿Cómo se llaman?

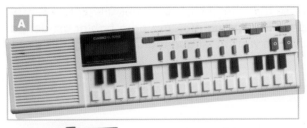

| **1.1.** 🔊 Escucha a estas personas que nos hablan de las imágenes anteriores y de sus recuerdos de niñez. Ordena las imágenes según se mencionan en el audio.

[34]

> **2** En parejas, hablad de vuestros recuerdos de niñez y contestad a las siguientes preguntas. ¿Qué juegos te gustaban cuando eras niño? ¿Qué juegos eran populares en tu país? ¿Qué te gustaba hacer y qué no? ¿Qué música escuchabas?

Fíjate

✗ Para hablar de tus recuerdos puedes usar:
- • **Recuerdo** + anécdota
- • **Me acuerdo (muy bien) de** + anécdota

—Recuerdo el día que los Reyes me trajeron la bicicleta.
—Me acuerdo muy bien de los juegos de mi infancia.

> **3** ¿Puedes recordar algún momento de tu niñez donde sentiste estas emociones? Completa las siguientes frases.

1 Me sentía impaciente cuando. . . . .

2 Me sentía preocupado/a cuando. . . . .

3 Tenía miedo cuando . . . .

4 Me sentía feliz cuando . . . .

5 Me sentía triste cuando . . . .

| **3.1.** Levántate y elige a un compañero. Pregúntale cómo era antes, en su niñez, y cómo es ahora, qué hacía, qué hace ahora, etc., y completa esta ficha. Una vez completada, cópiala y cuélgala en un lugar visible de la clase.

Nombre: ....

	Antes	**Ahora**
Físico	....	....
Carácter	....	....
Estudios	....	....
Familia	....	....
Aficiones	....	....
Gustos	....	....

| **3.2.** Lee todas las fichas y busca en la clase quién era la persona más diferente a ti. Explícaselo al resto de la clase, justificando y argumentando tus razones.

3 **¡QUÉ MOVIDA!**

> **1** La palabra *movida* tiene varios significados en español. Aquí te proponemos algunos de ellos que puedes deducir según el ejemplo que les corresponde. Relaciónalos.

1. El viaje fue muy movido. . . . . *

2. He tenido un día muy movido. . . . . *

3. ¡Qué movida tuve con Luis! . . . . *

4. Ayer por la noche, al salir de la discoteca, ¡se armó una movida…! . . . . *

5. Este fin de semana vamos a ir a las fiestas de mi pueblo porque seguro que hay movida. . . . *

* **a.** Juerga, diversión.
* **b.** Haber incidencias imprevistas.
* **c.** Enfado, discusión.
* **d.** Haber jaleo, confusión, desorden.
* **e.** Tener mucho trabajo o gestiones a veces problemáticas.

| 1.1. | Ahora que ya conocéis algunos significados de la palabra *movida*, mirad estas fotos y comentad cuáles corresponden a la expresión *¡hay movida!*

>| **2** |

| Cultura |

¿Has oído hablar de la *movida madrileña*? Lee este texto para tener información y anota, después de leer cada párrafo, la idea que se transmite.

Cultura
LA MOVIDA MADRILEÑA

Los diez años que transcurren entre 1975 y 1985 representan un momento de cambio esencial en la historia de España. Después de la muerte de Franco, el país **comenzó** una etapa de transición hacia la democracia en la que políticos de aquel momento, como Enrique Tierno Galván, alcalde de Madrid, **apoyaban** el cambio e incorporaban la cultura juvenil a la vida del Madrid de la época. Este periodo se caracterizó por **rechazar** el compromiso político, y por buscar nuevas formas de expresión en el cine, la música, los cómics, la fotografía, la pintura, la moda y el diseño.

Después de la muerte de Franco, comienza un cambio importante en la sociedad española, no solo político, sino también cultural.

Alaska

Este proceso, desarrollado ya años antes en otros países occidentales, **implicó** la aparición, por primera vez en España, de la juventud como grupo social diferenciado, con sus propias prácticas, valores y símbolos, que **reivindicaban** una cultura propia: son los años de la *movida madrileña*. Este grupo social usaba un *argot* (lenguaje) muy característico denominado *cheli*.

La música fue el arte que **inició** el movimiento. No había un estilo musical definido sino que existían grupos muy variados: desde el tecno-pop (Mecano) hasta el pop (Alaska y los Pegamoides, Radio Futura) pasando por el rock (Rosendo). La nueva manera de entender la cultura se extendió rápidamente a todas las otras formas artísticas: cine, cómic, televisión, prensa, radio… Hubo, sobre todo, una nueva forma de **entender** la vida, especialmente la nocturna.

La *movida* fue un movimiento cultural de Madrid, pero rápidamente se extendió al resto de ciudades españolas. Se consideró un cambio radical en la sociedad de los 80. En la actualidad, podemos visitar los lugares emblemáticos de Madrid, como el barrio de Malasaña, donde la vida nocturna de aquella época **dejó huella**.

| **2.1.** | 🐢 ➕ Formad equipos de cuatro personas y seguid las pautas.

1 Fijaos en las palabras en negrita del texto. Repartidlas entre los cuatro y buscad tres palabras para cada una: un antónimo, un sinónimo y una palabra sin relación de significado con la original.

1. Comenzar:............................ 5. Implicar:...........................
2. Apoyar:.............................. 6. Reivindicar:.......................
3. Rechazar:........................... 7. Iniciar:............................
4. Entender:........................... 8. Dejar huella:......................

2 Intercambiad vuestras palabras con otro grupo.

3 En la lista que os han entregado, localizad los antónimos y los sinónimos de cada palabra. Tachad la que no tiene ninguna relación de significado con la original.

4 El profesor va a dividir la pizarra en dos columnas: antónimos y sinónimos. Un representante de cada grupo sale a la pizarra y clasifica sus palabras en la columna correspondiente.

5 De nuevo, en grupos, elegid un antónimo para cada palabra en negrita del texto de los que están escritos en la pizarra y sustituidlo.

6 Leed el texto, ¿qué pasa cuando se sustituyen las palabras clave por los correspondientes antónimos? ¿Qué párrafos pierden sentido? ¿Qué párrafos transmiten una información contraria?

>| **3** | ⚓ 📖 Vais a escuchar una entrevista de Radio 4, en la que dos personas nos explican qué hacían y cómo vivían en los años de la movida madrileña. Antes de escuchar, mirad las fotos y marcad con una X las informaciones que creéis que son correctas.

Antes de escuchar   **Los protagonistas...**   Después de escuchar

○ .... **1** Eran jóvenes. .... ○

○ .... **2** Solo buscaban divertirse. No estudiaban ni trabajaban............... ○

○ .... **3** Vivían en casa de sus padres........... ○

○ .... **4** Solo salían los fines de semana.......... ○

○ .... **5** Vivían la movida madrileña. .... ○

○ .... **6** Había muchos grupos de música........ ○

○ .... **7** Vestían de manera clásica. .... ○

○ .... **8** Llevaban el pelo de colores. .... ○

○ .... **9** No tenían mucha libertad. .... ○

| **3.1.** | ⚓ 🔊 Ahora escuchad la entrevista y marcad la información correcta. ¿Coincide con lo que
[35] habíais respondido antes? ¿Por qué?

| 3.2. |  ¿Ha habido en vuestro país algún movimiento de estas características que haya influido en la cultura, el arte, el cine, la música, el lenguaje...? Explicádselo a vuestros compañeros.

| Cultura |

> | 4 | ¿Conoces a la persona de la foto? ¿Qué sabes de él? Una pista: fue un dictador de un país hispano entre los años 1973 y 1990. ¿De qué país crees que estamos hablando? Coméntalo con tu compañero.

| 4.1. | Lee este texto donde se describen algunos sucesos y costumbres del Chile de los 80, y comprueba tus suposiciones anteriores.

LOS 80

Si hay una década reciente que merece ser revisada dentro de la historia de Chile, es esta. Llena de sucesos que se quedaron en la memoria de la gente, como el Mundial de Fútbol de 1982 (Barcelona, España) por sus malos resultados, o el violento terremoto de 1985. Un periodo nostálgico pero también conflictivo, si recordamos el atentado a Augusto Pinochet (1986), que la gente no ha olvidado.

¿Quién no recuerda los famosos pantalones decolorados o *nevados*, las camisas *amasadas*[1], los peinados estilo punk o la música *New Wave*? Era la moda de los años ochenta. Y si bien hoy en día puede resultar sorprendente o raro, se trata de una época en la cual el mundo cambió.

Todo ello son recuerdos colectivos durante años difíciles, con problemas económicos y censuras, con el *toque de queda*. En los 80 el toque de queda marcaba la vida social de quienes eran jóvenes. Cada vez que se aplicaba, dejaba poco tiempo para salir a discotecas o bares, lugares comunes para divertirse. Muchas veces, las fiestas **solían** organizarse en casas y duraban hasta la mañana siguiente, cuando ya se podía salir nuevamente a la calle.

Los padres, también llamados *jefes de familia*, siempre buscaban mejorar la situación económica del hogar, mientras que las madres **solían** cuidar de los hijos y **solían** hacer las labores de la casa. Los que vivieron en aquella época recuerdan con nostalgia los vínculos que existían entre los vecinos, los ritos familiares como los almuerzos o las cenas, y el afecto de los amigos y conocidos que llevaba a la gente a sentirse más protegida.

En Chile, los 80 también marcaron una época de un país que vivía bajo condiciones sociopolíticas y culturales muy complejas. ∎

[1] Una camisa amasada es una camisa de tela arrugada.

| 4.2. | Completa con la información del texto.

1 Resume los sucesos que marcaron el Chile de los años 80, según el texto.

....

....

2 Describe cómo transcurría una fiesta en aquella época.

....

....

3 Resume los valores de la sociedad chilena de los 80.

....

....

| 4.3. | Observa las palabras resaltadas del texto, lee la información del cuadro y completa las siguientes frases.

Expresar acciones habituales en presente y pasado

× Para expresar acciones habituales en presente y pasado podemos utilizar la estructura **soler** + infinitivo:

— Yo **suelo** ir al cine los domingos. — Las fiestas **solían** organizarse en casas.

1 Cuando éramos pequeños .... jugar en la calle todos los días.

2 En mi juventud .... (yo) escuchar solo música española. Ahora .... (yo) escuchar también la extranjera.

3 Los lunes Marta .... tener clases de judo. Así que no podemos contar con ella.

4 Siempre .... quedar en el quiosco de la plaza y comprábamos golosinas.

5 Nunca .... (ellos) acudir a clase antes de las nueve.

6 Juan, ¿qué deportes .... practicar cuando llega el verano?

>| 5 | Comparad la vida de Chile y de España en los años 80. Anotad las similitudes y diferencias.

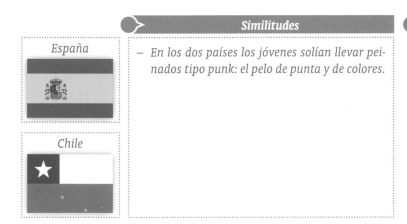

	Similitudes	Diferencias
España / Chile	— En los dos países los jóvenes solían llevar peinados tipo punk: el pelo de punta y de colores.	— España acababa de salir de una dictadura mientras que Chile vivía bajo un régimen totalitario.

>| 6 | ¿Cómo era la vida en tu país en los años 80? ¿Qué solían hacer los jóvenes? Busca información y escribe un texto. Puedes hablar de su forma de vestir, de los peinados que llevaban, de la música que oían, de las películas más famosas de la época, de su manera de divertirse... Después, preséntaselo a tus compañeros.

4 ► LOS SONIDOS /k/, /g/. LAS LETRAS c, qu, k

>| 1 | 🎧 🔊 Escucha y repite estas dos series de palabras: la primera con el sonido /k/ y la segunda con el
| 36 | sonido /g/.

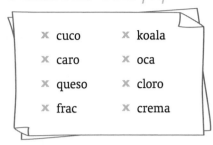

Palabras con /k/

- ✗ cuco
- ✗ koala
- ✗ caro
- ✗ oca
- ✗ queso
- ✗ cloro
- ✗ frac
- ✗ crema

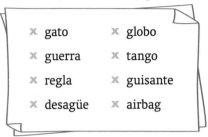

Palabras con /g/

- ✗ gato
- ✗ globo
- ✗ guerra
- ✗ tango
- ✗ regla
- ✗ guisante
- ✗ desagüe
- ✗ airbag

>| 2 | 🎧 🔊 Marca la palabra del par que escuches en primer lugar.
| 37 |

☐ gallo / ☐ callo   ☐ gama / ☐ cama   ☐ goma / ☐ coma   ☐ guiso / ☐ quiso

☐ guita / ☐ quita   ☐ gasa / ☐ casa   ☐ gana / ☐ cana   ☐ bloc / ☐ blog

>| 3 | 🎧 🧩 Observa las palabras del recuadro. Colócalas en la casilla correspondiente y deduce las reglas
ortográficas de la c (con sonido /k/), q y k completándolas con tus propios ejemplos. Ayúdate de un
diccionario si lo necesitas.

- ✗ kétchup
- ✗ kung-fu
- ✗ queso
- ✗ kilo
- ✗ koala
- ✗ coche
- ✗ casa
- ✗ kárate
- ✗ cuna
- ✗ quiero

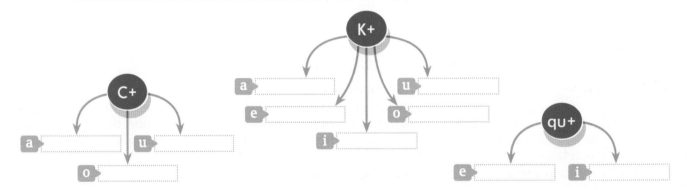

Las letras c, q y k

- ✗ Se escribe **c** (con sonido /k/):
  - ante las vocales **a**, ... y ....: ...., ..., ...
  - ante las consonantes **c**, **l**, **n**, **r** y **t**: *acceso*, *aclarar*, *acné*, *acróbata*, *actor*.
  - a final de palabra: *bloc*, *frac*.
- ✗ Se escribe **qu** en las sílabas que tienen las vocales .... e .... Ten en cuenta que la vocal **u** no se pronuncia: ...., ...
- ✗ Se escribe **k** en las sílabas que tienen las vocales ...., ..., ..., ... y .... Normalmente estas palabras son extranjeras: ...., ..., ..., ..., ...

.... comer una hamburguesa en un restaurante .... hay en la .... de su casa. .... llegó, pidió una hamburguesa de .... de cerdo con .... y .... Su madre le dijo que no debía .... tanta grasa .... no era muy saludable y, además, podía tener ....

¿Qué he aprendido?

1 Escribe el verbo entre paréntesis en la forma correcta del pretérito imperfecto.

1. La casa de Paula (ser) .... muy grande, (parecer) .... una mansión.
2. Antonio antes (jugar) .... al fútbol todos los domingos.
3. Antes de tomar vitaminas siempre me (sentir, yo) .... cansada.
4. Cuando (ser, yo) .... pequeña, (ir, yo) .... todos los domingos a correr.
5. De pequeño, me (costar) .... mucho estudiar.
6. Antes (dormir, nosotros) .... hasta muy tarde.
7. Todos los fines de semana mi hermana me (pedir) .... el coche para ir a la discoteca.
8. En mi adolescencia, siempre (jugar) .... al baloncesto.
9. Los amigos de mi hermana (tener) .... un grupo de rock y (tocar) .... en el garaje de casa.

2 Explica los usos principales del pretérito imperfecto y pon un ejemplo.

....
....
....

3 Escribe tres frases que empiecen con *antes* y contrasten con *ahora*.

....
....
....

4 ¿Te acuerdas de la palabra *movida*? Escribe dos frases en las que tenga un significado diferente.

....
....

5 ¿Sabes definir la movida madrileña y situarla en una época?

....

6 Pronuncia las siguientes palabras:

Guillermo • goma • cuco • gallo • kilo • color • Enrique • gana • guante • cantar

7 ¿Para qué te sirve conocer los antónimos de las palabras? ....

8 Escribe los antónimos de:

• **Hablar:** ....   • **Destruir:** ....   • **Hacer:** ....

Contenidos funcionales
- Hablar de las circunstancias en las que se desarrolló un acontecimiento.
- Narrar sucesos e historias reales o ficticias.
- Describir rasgos y características físicas de personas, animales y cosas.
- Expresar sorpresa y desilusión. Lamentarse.
- Hacer cumplidos y responder.

Contenidos gramaticales
- Contraste pretérito imperfecto/pretérito indefinido.
- *Estar* (pretérito imperfecto) + gerundio.
- Recursos lingüísticos para reaccionar en la conversación.
- *Es de/Está hecho de* + materia/*Procede de* + artículo + sustantivo/*Sirve para* + infinitivo.
- Recursos lingüísticos para narrar.

Tipos de texto y léxico
- Titular periodístico.
- Texto narrativo.
- Texto informativo: noticias.
- Entrevista radiofónica.
- Léxico relacionado con los cuentos: personajes y objetos mágicos.
- Adjetivos de descripción física y de carácter.

El componente estratégico
- Identificar expresiones de comunicación en un diálogo y aplicarlas a una tarea.
- Valorar el componente lúdico como parte del proceso de aprendizaje.
- Fijar elementos de un discurso como estrategia para determinar el orden del texto y facilitar la comprensión.

Contenidos culturales
- El cuento.
- Cuentos tradicionales y su origen.

Ortografía/Fonética
- Contraste de los sonidos /c/ y /z/.
- El ceceo y el seseo.
- Las normas de ortografía de *c* y *z*.

1 ¡QUÉ CURIOSO!

> | 1 | Observad las imágenes. ¿Creéis en las casualidades o coincidencias? ¿Tenéis alguna foto de estas características? ¿Cómo es?

> **2** Lee el siguiente texto. ¿Crees que todo fue fruto de la casualidad?

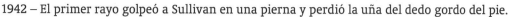

El hombre que sobrevivió a 5 rayos

Las posibilidades de ser alcanzado por un rayo son muy escasas; las oportunidades de que esto se repita (en días diferentes) es aparentemente imposible; entonces, ¿qué probabilidades hay de ser golpeado por un rayo cinco veces? ¿Es pura casualidad? Para Roy Sullivan, los acontecimientos sucedieron de la siguiente manera:

1942 – El primer rayo golpeó a Sullivan en una pierna y perdió la uña del dedo gordo del pie.

1969 – El segundo le dejó inconsciente y le quemó las cejas.

1970 – El tercer rayo le quemó el hombro izquierdo.

1972 – El siguiente le quemó el pelo.

1977 – En el quinto y último Sullivan fue hospitalizado por quemaduras en el pecho y el estómago.

Sus sombreros quemados se muestran en la galería Guinness de Carolina del Sur y Nueva York. ■

2.1. | 39 | Ahora escucha la noticia para saber en qué circunstancias le ocurrieron estos accidentes y completa las tablas.

	Acontecimiento o acción	Circunstancia o contexto
1942	Le golpeó en una pierna y perdió una uña.	Se encontraba en un mirador.
1969		
1970		
1972		
1977		

2.2. Leed la información y completad el cuadro analizando los ejemplos anteriores.

Acción/circunstancia

✗ Para presentar las **acciones** y los **acontecimientos** se usa el pretérito [1] .... :
  – Cuando **recibió** su primera descarga eléctrica, el rayo le **impactó** en la pierna.

✗ Para describir las **circunstancias**, los **contextos**, los **escenarios**... se utiliza el pretérito [2] .... :
  – Sullivan **se encontraba** en un mirador del Parque Nacional Shenandoah.

✗ Para **combinar acciones con circunstancias**, contextos, escenarios... se utiliza el pretérito
  [3] .... y el pretérito [4] .... :
  – Sullivan **se encontraba** en un mirador del Parque Nacional Shenandoah cuando **recibió** la descarga del rayo.

2.3. Aquí tienes otra coincidencia curiosa. Fíjate en los acontecimientos y en las circunstancias que la rodean, y elige el tiempo adecuado.

El libro de la infancia

En el año 1920, mientras la novelista norteamericana Anne Parrish [1] (recorrer).................................. las librerías de París, [2] (encontrarse) .... con un ejemplar de uno de sus libros favoritos de infancia: *Jack Frost y otras historias*. [3] (Coger).................................. el viejo libro de la estantería y se lo [4] (enseñar).................................. a su marido, diciéndole que ese era el libro que con más cariño [5] (recordar).................................. de su infancia. Su marido [6] (abrir).................................. el ejemplar y en la primera hoja [7] (descubrir).................................. la inscripción: "Anne Parrish, 209 n. Weber Street, Colorado". ¡[8] (Ser).................................. el mismo ejemplar que [9] (leer) .... Anne! ■

Adaptado de http://www.planetacurioso.com/2010/02/05/las-10-coincidencias-mas-curiosas-y-raras

> | **3** | ☺ ⊕ Elige una de las siguientes casualidades y escribe una historia divertida. Piensa en dónde estabas, con quién, qué tiempo hacía, qué pasó... También puedes escribir otra casualidad distinta que conozcas o inventes.

- ✕ Soñé con esa persona y me la encontré.
- ✕ Necesitaba un trabajo y me llamaron ese día.
- ✕ Nacimos el mismo día.

- ✕ Nos llamábamos igual.
- ✕ Me lo encontré en un pueblo perdido.
- ✕ Otro: . . . .

| **3.1.** | ☺ ⊕ ¿Y tú? ¿Tienes algo curioso que contar? Haz memoria y escribe sobre estos hechos de tu vida.

¿Puedes recordar...	*Hechos o información*
...cuándo empezaste a aprender español?	*Me apunté a un curso de español en 2010. Llegué a Madrid un día antes y...*
...alguna vez en que pasaste mucho miedo?	
...cuándo pasaste la primera noche fuera de casa?	
...un momento que te emocionó mucho?	

| **3.2.** | ☺ ⊕ Tu compañero te va a contar sus anécdotas, pero ha olvidado las circunstancias en las que todo ocurrió. Hazle preguntas a medida que te va contando su historia. Sigue el ejemplo.

Voy a contarte cuándo empecé a estudiar español.
Me apunté a un curso de español en 2010.

¿Cuántos años tenías?

Tenía 23 años. Llegué un día antes de empezar el curso.

¿Qué tiempo hacía? ¿Era tu primera vez en Madrid?

2 ¡VAYA NOTICIA!

> | **1** | ☺ ⊕ Lee este titular que ha salido en un periódico. ¿De qué crees que trata la noticia? ¿Conoces este síndrome? ¿En qué crees que consiste?

SÍNDROME DE ACENTO EXTRANJERO

| **1.1.** | ☺ ⊕ Lee la siguiente noticia e inserta en el texto estas circunstancias para completarla.

- ✕ ...era culpa de la fractura de mandíbula
- ✕ ...cuando iba en su coche a casa de sus padres
- ✕ ...sentía mucha vergüenza al hablar en público

- ✕ ...mientras se curaba de sus múltiples heridas
- ✕ ...se debía al daño producido en la parte del cerebro que se ocupa del habla

CONTINÚA »

SÍNDROME DE ACENTO EXTRANJERO

Leanne Rowe, una mujer australiana, es víctima de uno de los síndromes más extraños del mundo: síndrome de acento extranjero. Ocho años atrás, la mujer sufrió un accidente [1] .... A la semana, [2] ...., para su sorpresa, comenzó a hablar con acento francés.

Tanto médicos como amigos y familiares creyeron que [3] .... que sufrió en el accidente pero, ocho años después, con la mandíbula curada, Rowe siguió hablando de la misma manera. Aunque el fenómeno es fascinante, la australiana aseguró que [4] ...., y esto ha perjudicado su vida en muchos sentidos.

Los médicos nos aseguraron que esta extraña enfermedad contaba con muy pocos ejemplos en el mundo, y que [5] .... ■

Adaptado de http://www.noticiaslocas.com/

‖ Sensaciones ‖

| 1.2. | 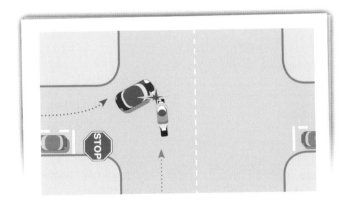 Ahora que conocéis este síndrome, ¿qué opináis? ¿Cuál es vuestro sentimiento sobre tener acento de extranjero? ¿Por qué?

○ vergüenza   ○ orgullo   ○ timidez   ○ confianza   ○ inseguridad

○ Otro: |_____|

– Mi acento inglés me da confianza al hablar español porque así la gente sabe que soy extranjera y entienden que no hable perfectamente.

> | 2 | Este es el dibujo que hizo la policía sobre el accidente de Leanne. ¿Qué pasó? Escríbelo.

| 2.1. | Fíjate en la información del cuadro, lee las declaraciones que Leanne y el otro conductor hicieron a la policía, y separa con tu compañero las acciones terminadas de las no terminadas.

Estar + gerundio

✗ Podemos expresar las circunstancias que rodearon unos hechos usando la forma del **pretérito imperfecto** del verbo *estar* + **gerundio**. Esas circunstancias incluyen acciones que fueron interrumpidas:

— ***Estaba conduciendo*** *cuando* ***se cruzó*** *una moto.*
(La acción de conducir es interrumpida por el cruce de la moto).

Leanne: Señor policía, yo estaba conduciendo más despacio que nunca, ¡se lo aseguro! Y, de repente, apareció un loco en una moto. No pude frenar.

Policía: ¿Y qué estaba haciendo usted a esas horas por ese callejón?

Leanne: Estaba intentando llegar antes a casa de mis padres, por eso elegí un atajo[1]. Reconozco que estaba conduciendo nerviosa, pero fue él el culpable.

[1] Camino más corto para llegar a un lugar.

Conductor: Yo iba circulando tan tranquilo, como siempre, cuando una loca con un deportivo azul se cruzó a toda velocidad.

Policía: ¿Y qué estaba haciendo usted en el lugar de los hechos a esas horas?

Conductor: Estaba buscando alguna tienda abierta para comprar unos regalos de cumpleaños. Admito que iba mirando a todas partes, pero ella fue la que tuvo la culpa.

> **Acciones terminadas**

> **Acciones interrumpidas no terminadas**

| 2.2. | | 40 | Escucha las declaraciones de los testigos cuando les preguntó la policía sobre lo sucedido y completa los datos que faltan.

Testigo	Afirmación	Descripción del hecho	A favor de...
	Lo vio todo.	Ella circulaba a toda velocidad hablando por el móvil.	
La mujer del mecánico	Escuchó un ruido tremendo.		
El astrónomo			Ninguno
		El conductor llevaba gafas de sol.	
	El conductor nunca conduce con gafas y era de noche.		El conductor

| 2.3. | Pídele a tu compañero su opinión sobre quién tuvo la culpa del accidente, según las declaraciones de los testigos. Uno de ellos miente. ¿Quién? Justifica tu respuesta.

| 2.4. | ¿A quién defiendes tú? ¿A Leanne o al conductor? Escribe una crónica sobre el accidente para defender la versión de uno de ellos. Puedes seguir el modelo del audio de la actividad 2.2.

ÚLTIMA HORA.   # ACCIDENTE "LINGÜÍSTICO"

Anoche, alrededor de las ocho, tuvo lugar un espectacular accidente en un callejón del centro de la ciudad. El conductor de una motocicleta, y Leanne, que conducía su coche, tuvieron un terrible accidente. ......Yo...

>| 1 | ¿Te gustaban los cuentos de pequeño? ¿Conoces a estos personajes? ¿Cómo se llaman en tu lengua? ¿Sabes cuál es su historia? ¿Cuál es tu preferido? Coméntalo con tus compañeros.

| 1.1. | Busca en la clase a algún compañero al que le guste el mismo personaje que a ti. Describidlo, respondiendo por orden a estas preguntas. Podéis ayudaros del vocabulario que aparece en la siguiente tabla y utilizar el diccionario.

¿Qué es? →	*Un pez, un ogro, una bruja, una princesa…*
¿Cuántos años tiene? →	*Tiene más de cien años, Es muy joven/mayor, Es un niño/a…*
¿Cómo es? →	*Es bajo/a, guapo/a, corpulento/a, delgaducho/a, atlético/a…*
	Tiene los ojos verdes, el pelo largo, la nariz grande…
¿Qué lleva puesto? →	*Lleva un traje verde, un vestido de princesa…, Va desnudo/a…*
¿Qué carácter tiene? →	*Es valiente, tímido/a, inteligente, inquieto/a, dulce…*
¿Cómo está? →	*Está (un poco/bastante/muy) triste, serio/a, sorprendido/a…*
¿Dónde vive? →	*Vive en una montaña, en el mar, en una ciénaga…*
¿Cómo es ese lugar? →	*Es un bosque con muchos árboles, un castillo muy oscuro…*

Fíjate

Describir es explicar, de forma detallada y ordenada, cómo son las personas, los lugares o los objetos. La descripción de lugares se usa para ambientar la acción y crear una atmósfera creíble de los hechos que se narran.

✗ Para describir objetos, personajes, lugares y circunstancias en el pasado es habitual usar el **pretérito imperfecto**:
— **Era** un objeto de metal que **tenía** una punta roja brillante.
— *El ogro* **era** *muy feo y* **tenía** *un solo ojo grande en la frente.*

| 1.2. | Leed vuestra descripción en voz alta. El resto de compañeros tiene que adivinar de qué personaje se trata. El primero que lo adivine obtiene un punto. Finalmente, haced un recuento de puntos para ver quién es el ganador.

| 1.3. | En la actividad anterior habéis participado en una actividad lúdica. Elegid, entre todos, las opciones con las que os sentís más identificados, argumentando vuestras opiniones.

- ○ Me gusta aprender jugando, pues me fuerza a ser creativo/a y me motiva.
- ○ La competitividad que se establece en el juego me divierte y me estimula.
- ○ Me gusta jugar, pero siento que no aprendo suficientemente.

- ○ Lo que aprendo jugando no se me olvida.
- ○ Siento que estoy haciendo el ridículo.
- ○ Creo que aprendo más si hago actividades más reflexivas.
- ○ Otro: . . . .

>**| 2 |** En esta entrevista de radio se han mezclado las preguntas del locutor y las respuestas de la entrevistada. Ordena sus intervenciones.

[1] **Locutor:** Bienvenidos a *Un mar de letras*, el programa cultural de tu emisora amiga. En nuestro programa de hoy contamos con la presencia de Carmen Cabanas, especialista en literatura y estudiosa del género de los cuentos. Buenos días, Carmen, gracias por venir aquí para hablarnos del cuento y su origen.

[ ] **Carmen:** Todos los que puedes imaginar… Lo importante es que los protagonistas viven un conflicto que los obliga a tomar una decisión que pone en juego su destino.

[ ] **Locutor:** Sí, sí, *Las mil y una noches*… Es esa colección de cuentos en la que una mujer, Scheherezade, se salva de la muerte a manos de su esposo, contándole cada noche un cuento, ¿no?

[10] **Carmen:** Pues todos los que se te ocurran: todo tipo de seres, reales o imaginarios, incluso un objeto puede ser el protagonista… Y, luego, otra cosa muy interesante es la presencia de otros personajes secundarios, los objetos mágicos, que ayudan al protagonista o le ponen un obstáculo: acuérdate del espejo mágico de Blancanieves…

[ ] **Locutor:** Desde la India, fíjate, ¡qué fascinante! Oye, ¿y qué tipo de personajes intervienen en los cuentos?

[ ] **Carmen:** Bueno, así, brevemente, podemos decir que un cuento es una narración corta y sencilla acerca de un suceso real o imaginario. Al principio los cuentos eran de origen folclórico y se transmitían oralmente.

[ ] **Locutor:** ¿Y cuáles son los primeros de los que tenemos noticias? ¿Son muy antiguos?

[6] **Carmen:** ¡Uy! Muchísimo… Los cuentos más antiguos surgieron en Egipto alrededor del año 2000 a. C. Muy importante fue también la principal colección de cuentos orientales *Las mil y una noches*…

[ ] **Locutor:** Para empezar, Carmen, ¿qué es un cuento? ¿Qué hace de una narración un cuento?

[ ] **Carmen:** Pues encantada. Gracias a vosotros por invitarme.

[ ] **Locutor:** Sí, sí, claro, o la alfombra mágica de Aladino… Se nos acaba el tiempo pero me gustaría saber, por último, qué temas son los más habituales en los cuentos.

[8] **Carmen:** Sí, sí, esa es. Es una obra muy importante, pues gracias a ella, el cuento se extendió posteriormente por Europa.

[ ] **Locutor:** Pues muy interesante, Carmen. Muchas gracias de nuevo por tu presencia en el programa.

[14] **Carmen:** A ti, buenos días.

Adaptado de http://es.answers.yahoo.com/question/index?qid=20070604103943AAaCS6F

En resumen

✕ El cuento es una narración breve y sencilla acerca de un suceso verídico o fantástico.

✕ El estilo debe ser directo y simple.

✕ La acción se desarrolla en tres partes básicas: principio, desarrollo y fin.

✕ Presenta un conflicto que el protagonista debe resolver.

✕ Los personajes principales pueden ser criaturas y cosas tanto reales como imaginarias, y los elementos mágicos se convierten en personajes secundarios que ayudan al protagonista o bien, le ponen obstáculos.

| 2.1. | Escucha la entrevista y comprueba tu respuesta.

| 41 |

| **2.2.** | 🎭 ➕ ¿Qué elementos de los que aparecen a continuación os han ayudado a averiguar el orden correcto de la entrevista? Si no coincidís, justificad vuestra respuesta.

○ Los organizadores del discurso: *para empezar, por último…*

○ Los tiempos verbales.

○ El léxico.

○ Los saludos y las despedidas.

○ Encontrar en la respuesta parte de la pregunta formulada.

○ Frases incompletas o suspendidas.

○ El tema de conversación.

○ Las frases de cortesía.

> | **3** | 👤 📖 Lee el principio de este cuento y escribe una frase para continuar la historia.

DIARIO DE UN PRÍNCIPE ABURRIDO

Hace mucho, mucho tiempo, cuando era joven, vivía en un lugar muy lejano. Era un país muy especial en el que la gente siempre estaba feliz y no tenía preocupaciones. Todo el mundo trabajaba en lo que quería, descansaba cuando le apetecía y, simplemente, disfrutaba de la vida. En mi reino, no había brujas malas, ni dragones, ni magos malvados, ni caballeros oscuros, ni princesas en apuros, ni nada de eso que dicen que hay en los cuentos. Y yo era un chico normal: mis vaqueros, mis camisetas y mi moto para recorrer los caminos del reino. A mis treinta y cuatro años vivía con mis padres, los reyes, que tenían un castillo enorme que siempre estaba lleno de gente que venía a sus impresionantes fiestas. Todo, aparentemente, parecía ideal. Pero no, no lo era porque…

. . . .

. . . .

. . . .

| **3.1.** | 👤 ⚙ Lee la información y marca qué parte de la estructura de la narración ha utilizado el autor de este cuento hasta ahora.

Recursos para narrar

✗ Para **narrar** es imprescindible conocer los usos de los diferentes pasados junto a algunos recursos típicos de una narración.

✗ ☐ Para **introducir** la historia y situarla temporalmente:

• **Un día,** *En* + fecha, **Cuando era pequeño/tenía 15 años/estaba en la universidad, A los "x" años**…

– *María, **a los tres años**, comenzó a estudiar y aprendió a leer en poco tiempo.*

• ***Hace*** + periodo de tiempo:

– ***Hace tres años**, cuando todavía era un bebé, se fue a vivir a Alemania.*

• **En esa época**…

• **Érase una vez/Había una vez/Hace mucho (mucho) tiempo**… (en los cuentos tradicionales).

✗ ☐ Para **destacar** un hecho importante:

• **(Y) De repente…/(Y) De pronto…/En ese momento…/Y allí mismo**…

– ***De repente**, se cruzó un coche y chocó contra un camión que venía en sentido contrario.*

✗ ☐ Para **continuar** el relato:

• **Luego/Más tarde/Después/Al rato/Mucho tiempo después**…

– ***Más tarde**, se montó en su caballo y cabalgó a través del bosque.*

✗ ☐ Para **terminar** el relato:

• **Total que…/Y por eso…/Al final**…

– ***Al final** todo volvió a la tranquilidad y el reino vivió feliz por muchos años.*

• **Y vivieron felices y comieron perdices** (en los cuentos de príncipes y princesas).

> | 4 | 👤👥 Lee lo que le pasó al príncipe un día cuando paseaba. Completa el texto con el tiempo correcto del pasado.

Un día **[1]** (ir, yo)..................... por el campo paseando. **[2]** (Acercarse, yo)..................... a un grupo de campesinos y **[3]** (ver, yo)..................... algo raro: uno de los campesinos **[4]** (girarse)..................... y, de repente, **[5]** (aparecer)..................... un ser que **[6]** (ser)..................... horrible: peludo, con garras y una extraña cola. En ese momento me di cuenta de que todos los habitantes del reino me **[7]** (ocultar)..................... algo extraño. Muy preocupado, **[8]** (buscar, yo)..................... a mi hada madrina y **[9]** (hablar)..................... con ella. Me **[10]** (contar)..................... que una malvada bruja **[11]** (maldecir)..................... mi reino cuando nací. **[12]** (Esconder, ella)..................... siete objetos mágicos, cada uno de ellos protegido por una criatura fantástica terrorífica. Yo **[13]** (tener)..................... que descubrir quiénes **[14]** (ser)..................... los guardianes y quitarles los objetos mágicos para poder salvar al reino de un terrible destino. Me **[15]** (decir)..................... también que durante ese tiempo **[16]** (ir, yo)..................... a encontrar a mi verdadero amor y que iba a sufrir mucho por su culpa… ■

| **4.1.** | 👤🔊 Escucha la conversación que mantuvo el príncipe con el hada madrina y comprueba
|42| si has escrito correctamente las formas verbales.

| **4.2.** | 👤🔊 Escucha de nuevo la conversación y fíjate en cómo reaccionan los personajes. Coloca
|42| las expresiones que utilizan en la columna adecuada.

✖ ¿Qué me estás contando? ✖ ¡Vaya por Dios! ✖ ¿De verdad? ✖ ¿Qué?

✖ ¡Hombre, mi príncipe favorito! ✖ ¿Sí? ✖ ¡No me lo puedo creer! ✖ ¡Qué guapo estás!

✖ ¡Tú también estás estupenda! ✖ ¡Vaya! ✖ Lo siento.

✖ Perdona. ✖ ¡Cuánto lo siento! ✖ Lo lamento.

✖ ¡Qué sorpresa! ✖ ¿No me digas?

Hacer cumplidos	*Disculparse*	*Sorprenderse*	*Expresar desilusión. Lamentarse*

| **4.3.** | 🧑🧑 Primero, individualmente, conjugad los verbos entre paréntesis según seas alumno A o B. Luego, reacciona a lo que te cuenta tu compañero con una expresión de las que has aprendido en la actividad anterior.

ALUMNO
Ⓐ

1 El otro día (ir) .... conduciendo y (tener) .... un accidente.

2 ¡El año pasado no me (felicitar) .... por mi cumpleaños y todavía (estar) .... enfadado contigo!

3 Me dijo que (estar) .... genial, que me (ver) .... muy bien. ¿De verdad lo crees?

4 A los tres años Álex ya (montar) .... en bici y (saber) .... leer. (Aprender) .... a escribir con cuatro años, ¡y (terminar) .... la carrera de Medicina a los dieciséis!

1 Mi gato (tener) .... ya catorce años y el viernes pasado se (morir) ....

2 Cuando (ir, tú) .... a París no te (acordar) .... de mí ni una vez. Ni me (llamar) .... ni me (comprar) .... ningún regalo.

3 Oye, ¿es que no me vas a decir nada de mi camisa nueva? La (comprar) .... ayer.

4 El viernes pasado, cuando (estar) .... durmiendo, (sonar) .... el teléfono. Lo (coger) .... y alguien (comenzar) .... a insultarme y a amenazarme. ¡Qué miedo!

>| **5** | Ahora que ya conocéis al protagonista de nuestro cuento, cread un objeto mágico de vuestra invención para ayudar a salvar su reino. Haced un dibujo en una cartulina y escribid su descripción. Decid su nombre, tamaño, material, color, origen, uso... Fijaos en las indicaciones del cuadro.

Describir características de un objeto

✗ Para describir las características de un objeto podemos utilizar:

- **Está hecho de/Es de** + materia
- **Procede de** + artículo + sustantivo
- **Sirve para** + infinitivo

– *El objeto mágico es un criptoescudo.* ***Sirve para*** *protegerte y* ***procede de*** *un planeta lejano.* ***Está hecho de*** *criptonita y* ***es de*** *platino, de color verde y negro.*

| **5.1.** | Colgad vuestras descripciones y dibujos por la clase y mirad los que han hecho vuestros compañeros. ¿Cuál os gusta más? ¿Cuál es el más original? ¿Cuál está mejor dibujado? ¿Cuál os gustaría tener?

|| Grupo cooperativo ||

>| **6** | En grupos, vais a crear un cuento completo. Seguid las pautas.

1 Decidid, entre todos, quiénes serán los personajes principales del cuento y los objetos mágicos. Dividid la clase en tres grupos.

2 Cada grupo se va a ocupar de crear un cuento, en no más de quince líneas, utilizando una de estas frases en algún momento del relato:

Ella estaba demasiado lejos para verlo...
Sus ojos brillaban en la fría y oscura noche...
La bestia no dejaba de mirar a la luna...

3 En cada grupo habrá:
- un responsable de la corrección gramatical,
- otro de buscar el vocabulario adecuado,
- otro de estructurar correctamente el relato,
- y otro de elaborar la redacción final.

Decidid entre todos quién de vosotros es el más adecuado para cada papel. Recordad que es importante contar lo que sucedió de forma ordenada e introducir, continuar y terminar el relato adecuadamente con las expresiones que has aprendido.

4 Dadle vuestro cuento a los otros equipos para que lo lean y puntúen de 0 a 10 puntos, valorando los siguientes aspectos:

¿Qué cuento ha sido el más imaginativo?   ¿Qué cuento ha sido el más emocionante?

¿Qué grupo ha conseguido incluir las frases más adecuadamente?   ¿Cuál está mejor escrito?

¡El que obtenga mayor puntuación será el ganador!

4 · LOS SONIDOS /z/, /s/. CECEO Y SESEO. LAS LETRAS c, z

>| 1 | 〔43〕 Escucha y repite estas dos series de palabras: la primera con el sonido /z/ y la segunda con el sonido /s/.

Palabras con /z/

- ✗ zurdo
- ✗ rizado
- ✗ zen
- ✗ zapato
- ✗ rozo
- ✗ cine
- ✗ celeste
- ✗ cera
- ✗ pez
- ✗ azteca
- ✗ zinc
- ✗ azul
- ✗ zoo
- ✗ doce
- ✗ ácido

Palabras con /s/

- ✗ sala
- ✗ tres
- ✗ sí
- ✗ vestido
- ✗ sol
- ✗ suelo
- ✗ rosas
- ✗ mismo
- ✗ pescado
- ✗ aseo
- ✗ sed
- ✗ soy
- ✗ beso
- ✗ pulsar
- ✗ musgo

>| 2 | 〔44〕 Marca la palabra del par que escuches.

| □ seta / □ zeta | □ Asia / □ hacia | □ sumo / □ zumo | □ sebo / □ cebo | □ risa / □ riza |
| □ masa / □ maza | □ poso / □ pozo | □ sueco / □ zueco | □ cosido / □ cocido | □ os / □ hoz |

>| 3 | 〔45〕 Vas a escuchar un mensaje de Susana, una chica de Cádiz, que llama a César, su amigo de Canarias, y la contestación de este. ¿Hay alguna diferencia entre la pronunciación de Susana y la de César?

Ceceo y seseo

- ✗ El **ceceo** es pronunciar la *s* con sonido similar al de la *z*. Cecean en algunas zonas de Andalucía especialmente en Cádiz, Sevilla y Huelva.
- ✗ El **seseo** es pronunciar la *z* o la *c* (ante *e/i*) como *s*. Sesean en algunas zonas de Andalucía, en Canarias y en Hispanoamérica.

>| 4 | Aquí tienes una adivinanza que contiene el sonido /z/. Léela detenidamente y completa las reglas ortográficas que tienes a continuación, utilizando las palabras de la adivinanza como ejemplos.

Soy muy dulce, tanto o más que el azúcar. Me gusta poner zancadillas a los
que cazan ciervos. Puedo tener brazos, pinzas o pezuñas. ¿Qué soy?

La ortografía de c/z

- ✗ Se escribe *c* ante las vocales *e/i*: ....
- ✗ Se escribe *z* ante las vocales *a/o/u*: ....
- ✗ En las palabras con *-cc-* (*acción*, *dirección*) la primera ce se pronuncia /k/ y la segunda se pronuncia /z/: /akzión/, /direkzión/.

¿Qué he aprendido?

1 Lee las frases y corrige los tiempos verbales, si es necesario.

1. Natalia ha suspendido los exámenes del año pasado porque no estudiaba lo suficiente durante el verano.

....

2. El otoño pasado no pude ir a visitarte porque no tuve dinero.

....

3. Cuando fui pequeña tenía un perro que se llamó Flip.

....

4. Ayer no fui a la fiesta porque me encontraba mal, me dolía la cabeza.

....

5. Antes no tuve teléfono móvil pero ahora no puedo vivir sin él. ¡Qué horror!

....

6. Vosotros ibais muy a menudo a la casa de la sierra de jóvenes pero ahora no vais nunca. ¡Qué pena!

....

2 Escribe una pequeña historia con los siguientes elementos: una rana, una piedra, un pescador, un pez y un lago. Descríbelos y crea un argumento.

....
....
....
....
....
....
....
....

3 Describe a tu compañero de clase favorito pero sin decir su nombre. Los demás compañeros tendrán que adivinar quién es.

4 De los tiempos verbales de pasado, ¿cuál sirve para describir y cuáles para la narración?

....

5 Con las palabras que te damos y utilizando *estar* + gerundio, escribe frases.

1. Caperucita Roja/recoger flores/lobo/llegar ....
2. Blancanieves/cocinar/enanitos/trabajar ....
3. Bella Durmiente/dormir/príncipe/darle un beso ....

6 Piensa en una cosa que creías cuando eras niño y que luego descubriste que era falsa.

Ejemplo: *Cuando tenía cinco años creía que los regalos los traían los Reyes Magos.*

....

7 Fíjate en estas circunstancias y describe algún momento en tu vida en el que las viviste.

- Todo el mundo me miraba.   - Iba a llamar a la policía.
- Tenía miedo.   - Estaba muy mareado.
- Estaba nervioso.   - No podía creerlo.
- Me sentía muy ridículo.   - Quería irme de allí inmediatamente.

8 En relación a tu lengua materna, ¿qué dificultades has encontrado en el uso imperfecto/indefinido?

....
....

8 UN FUTURO SOSTENIBLE

Contenidos funcionales
- Hablar de acciones futuras.
- Hablar de acciones presentes o futuras que dependen de una condición.
- Hacer predicciones y conjeturas.
- Hacer promesas.
- Hablar del tiempo atmosférico.

Contenidos gramaticales
- Futuro imperfecto: formas regulares e irregulares.
- Expresiones temporales de futuro.
- *Si* + presente de indicativo + presente/futuro imperfecto.
- *Creo/imagino/supongo* + *que* + futuro imperfecto.
- *No sé si/cuándo/dónde* + futuro imperfecto.

Tipos de texto y léxico
- La convocatoria de concurso.
- Anuncios breves de viaje.
- Léxico relacionado con el reciclaje.
- Léxico relacionado con las actividades al aire libre.
- Léxico relacionado con el tiempo atmosférico.

El componente estratégico
- Agrupar formas verbales irregulares para su memorización.
- Planificación del aprendizaje: formulación de objetivos y metas para el futuro.
- El Portfolio de las Lenguas para evaluar el proceso de aprendizaje.

Contenidos culturales
- Ecología y medioambiente.
- Consumo responsable y reciclaje.
- El Amazonas.
- Arquitectura popular: los pueblos negros.
- Parques naturales: Picos de Europa y Doñana (España).

Ortografía/Fonética
- Los sonidos /f/ y /j/.

---

1 CONSUMO RESPONSABLE

> **| 1 |** Describid lo que hacen las personas de las fotos. ¿Qué os sugieren las imágenes teniendo en cuenta el título del epígrafe?

 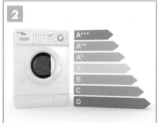  

| 1.1. | Para el Día Internacional del Medioambiente, en Twitter se ha creado una etiqueta titulada *#consumoresponsable*. Lee estos tuits y relaciónalos con las imágenes de la actividad anterior.

Twitter

Tuits: #Consumoresponsable

- [ ] Si consumes frutas y verduras orgánicas, **mejorarás** tu alimentación y **ayudarás** a mejorar el medioambiente. | Seguir |
- [ ] ¿Qué impacto medioambiental **causará** el producto que estás comprando? Por ejemplo, si se trata de un electrodoméstico, ¿cuánta energía **gastará**? | Seguir |
- [ ] Conocer el origen de los productos y las condiciones en que se elaboran te **ayudará** a consumir con responsabilidad. | Seguir |
- [ ] Si reflexionas sobre los recursos naturales, te **darás** cuenta de que no son infinitos. Solo piensa cuánto se tarda en cortar un árbol y cuánto **tardará** en crecer. | Seguir |

| **1.2.** | 🧑💬 Fíjate en los verbos que están marcados en negrita en 1.1. y lee la información del siguiente cuadro.

El futuro imperfecto: forma y usos

✖ El futuro imperfecto se forma con el **infinitivo** más la **terminación**, que es la misma para las tres conjugaciones de los verbos regulares e irregulares.

✖ Verbos **regulares**:

	✖ Verbos en –**ar** ✖	✖ Verbos en –**er** ✖	✖ Verbos en –**ir** ✖
	Qued**ar**	V**er**	Viv**ir**
Yo	quedar**é**	ver**é**	vivir**é**
Tú	quedar**ás**	ver**ás**	vivir**ás**
Él/ella/usted	quedar**á**	ver**á**	vivir**á**
Nosotros/as	quedar**emos**	ver**emos**	vivir**emos**
Vosotros/as	quedar**éis**	ver**éis**	vivir**éis**
Ellos/ellas/ustedes	quedar**án**	ver**án**	vivir**án**

✖ Este tiempo se utiliza para hablar de **acciones** y **hechos** que se realizan en el **futuro**. También se puede usar para expresar hipótesis sobre el presente:
– No sé dónde **estará** Marta.

✖ Para expresar futuro podemos utilizar estas **expresiones temporales**: *esta tarde/noche/semana, este mes/año, desde mañana, a partir de mañana, la semana/el mes/el año que viene, dentro de* + cantidad de tiempo.

✖ Es habitual expresar futuro con:
• El **presente** de indicativo:
– *A partir de mañana* **compro** *bombillas de bajo consumo.*
• *Ir* + ***a*** + infinitivo:
– *Esta semana* **voy a** *comprar verduras orgánicas.*
• ***Pensar, querer*** + infinitivo:
– *Desde mañana* **quiero**/**pienso** *cambiar mis hábitos de consumo.*

| **1.3.** | ⚓💬 Buscad en esta sopa de letras los verbos irregulares del futuro imperfecto que aparecen a la derecha. Escribid al lado de cada uno su infinitivo correspondiente.

A	E	T	S	O	M	E	R	D	N	O	P
R	R	Y	P	S	S	W	I	C	R	Z	T
T	S	S	O	E	X	S	H	A	R	É	I
S	A	L	D	R	É	I	S	E	T	T	O
U	B	C	R	T	C	D	T	F	V	B	U
I	R	V	É	H	F	R	P	H	Q	S	S
S	Á	U	I	I	V	T	C	A	B	R	Á
O	N	P	S	L	G	G	W	B	M	I	R
M	S	Q	Ñ	P	B	É	S	R	N	C	R
E	A	A	L	Ñ	R	H	Z	Á	O	R	E
R	Z	Z	A	I	N	U	Q	E	P	K	U
D	V	W	D	R	J	J	B	X	E	L	Q
N	M	Á	R	D	L	A	V	I	D	B	Q
E	E	C	V	E	N	D	R	É	I	S	U
T	J	N	K	H	Q	X	S	P	O	E	Ñ

1 Habrá: . . . .

2 Cabrá: . . . .

3 Tendremos: . . . .

4 Saldréis: . . . .

5 Podréis: *poder* . . . .

6 Querrás: . . . .

7 Valdrá: . . . .

8 Diré: . . . .

9 Sabrán: . . . .

10 Pondremos: . . . .

11 Vendréis: . . . .

12 Haré: . . . .

| 1.4. | Ahora, clasificad las formas irregulares en este cuadro.

El futuro imperfecto irregular

✗ En futuro imperfecto solo hay doce verbos irregulares (y sus compuestos). Sus formas se pueden dividir en tres grupos:

Pierden la vocal -e	Pierden la vocal y aparece una -d	Otros
Caber →	Tener →	Decir →
Poder →	Venir →	Hacer →
Saber →	Salir →	
Querer →	Valer →	
Haber →	Poner →	

| 1.5. | ¿Cómo está colocado el contenido del cuadro anterior? ¿Crees que agrupar los verbos por irregularidades te permite recordar y memorizar mejor las formas? Coméntalo con tu compañero.

>| 2 | En este correo electrónico un amigo le cuenta a otro lo que ha leído hoy en Twitter. Primero, complétalo con las formas correspondientes de futuro imperfecto y, después, respóndele con tus propuestas.

○○○

Recibidos ☐ ✉ ⬇   🗑 ⚙

De: **Antonio**
Para: **Carlos**
Asunto: **Twitter hoy**

¿Qué tal Carlos?

¿Has entrado en Twitter hoy? Hay muchos comentarios en #consumoresponsable y, después de leerlos, me he propuesto que yo, a partir de mañana, [1] (comprar) .... frutas y verduras orgánicas e [2] (intentar) .... no comprar cosas que no necesito. Antes no miraba las etiquetas, pero ahora [3] (hacer) .... un esfuerzo. Y para ir al supermercado [4] (escribir) .... una lista para comprar solamente lo que necesito. También he pensado que le [5] (regalar) .... una lavadora nueva de bajo consumo a mi madre y le [6] (decir) .... que hay que cambiar las bombillas de la casa por las de bajo consumo para ahorrar energía. Creo que estos comentarios me han hecho reflexionar sobre lo que consumo. Ahora veo el futuro un poco menos negro.

[7] (Haber) .... que hacer algo por nuestro futuro, ¿no? Creo que el esfuerzo [8] (valer) .... la pena.

¿Y tú? ¿Qué vas a hacer? ¿Has pensado en este tema?

Antonio

De: **Carlos**
Para: **Antonio**
Asunto: **[Re] Twitter hoy**

....
....
....
....
....

> | **3** | ¿Recordáis la expresión *llevar una vida de color de rosa*? ¿Qué significa? ¿Y *ver el futuro negro*?

El significado del color negro

El color negro significa protección y misterio. Se asocia con el silencio y el infinito. El negro puede transmitir que nos aislamos y que nos escondemos del mundo.

También, y referido al futuro, significa falta de esperanza.
Palabras clave del color negro: *austeridad, previsión, orden, soledad, aislamiento, pesimismo*.

| **3.1.** | ¿Con qué color asocias tú el tiempo futuro? ¿Por qué? Coméntalo con tus compañeros.

2 DOS MINUTOS DE TU TIEMPO

> | **1** | Leed estas descripciones y relacionadlas con su símbolo correspondiente. ¿Existen estos símbolos en tu país? ¿Significan lo mismo?

A	B	C

1 Esta ilustración invita al consumidor a ser cívico y dejar el envase o residuo[1] en un sitio adecuado para ello, como papeleras, contenedores, etc. Lo encontrarás en casi todos los productos con el fin de responsabilizar al consumidor.

[1]Residuo es sinónimo de basura, es lo que ya no se puede aprovechar.

2 En este logo, basado en el símbolo de Möbius, cada flecha representa uno de los pasos del proceso de reciclaje: recogida, el proceso mismo del reciclaje y la compra de los productos reciclados, de manera que el sistema continúa una y otra vez, como en un círculo.

3 El envase que lleva este icono garantiza que, al convertirse en residuo, este envase se reciclará mediante el Sistema Integrado de Gestión de Residuos de Envases (SIG). Lo encontramos en envases de plástico, metálicos, Tetrabrick, cartón, papel, vidrio…

| **1.1.** | Escucha este fragmento de un documental de televisión y ponle un título.
|46|

 Mi título: ....

| **1.2.** | Vuelve a escuchar y, después, contesta a estas preguntas con una frase para resumir las ideas principales del texto.
|46|

1 ¿Qué podemos reciclar? ....
....

2 ¿En qué consiste el reciclaje? ....
....

3 ¿Qué conseguiremos si reciclamos? ....
....

| **1.3.** | Después de escuchar el programa, ¿sabéis lo que tenéis que reciclar? Vuestro profesor os va a dar una ficha. Seguid sus instrucciones.

| 1.4. | 🗣️🔊 Escucha esta audición y comprueba si has acertado al reciclar los residuos de la actividad anterior.

|47|

>| 2 | 🗣️🌐 Lee el cuadro y después subraya en el texto las frases condicionales marcando sus dos partes: la parte que expresa condición y la que expresa presente o futuro.

Hablar de acciones presentes o futuras que dependen de una condición

✗ Para hablar de acciones presentes o futuras que dependen de una condición utilizamos:

- *Si* + presente de indicativo + verbo en presente/futuro imperfecto de indicativo:

  – **Si** no reciclamos, ¿qué ocurrirá? ↔ ¿Qué ocurrirá **si** no reciclamos?

      Condición   presente/futuro   presente/futuro   condición

Si no reciclamos la basura inorgánica, no desaparecerá de la tierra hasta dentro de, por lo menos, 5 o 10 años después, contaminando el planeta durante todo este tiempo.

Sin embargo, si la separamos y la dejamos en su contenedor correspondiente, se reutilizará de modo que, además de no contaminar, se reduce la producción de nuevos residuos contaminantes. Por ejemplo:

✗ Si reciclamos el papel de periódico, volverá a ser papel para nuevos periódicos, o papel de baño, etc. Las fibras de papel se pueden reciclar de 5 a 7 veces.

✗ Si reciclamos las latas, se hacen otras latas o productos de este material.

✗ Si se funden las botellas de plástico que se recolectan, se pueden hacer nuevos productos como, por ejemplo, muebles de plástico para el jardín, o botes de plástico para champú, gel, etc.

✗ ....
....

✗ ....
....

✗ ....
....

| 2.1. | 🐢🌍 Ahora debéis escribir tres condiciones más relacionadas con el reciclaje siguiendo el modelo de la actividad anterior. Después, ponedlas en común con otras parejas de la clase. ¿Cuántas cosas conseguiremos reciclando?

> | **3** | Hazles a tus compañeros estas preguntas sobre sus hábitos de consumo y reciclaje. Resume los resultados, y elabora un informe con lo que crees que tendrán que cambiar para mejorar el medioambiente.

ENCUESTA

1 ¿Compras productos envasados?

....

2 ¿Llevas tus propias bolsas al supermercado o prefieres las de plástico que te dan?

....

3 ¿Separas los envases de papel y plástico?

....

4 ¿Qué haces con las pilas, el papel y el aceite?

....

5 ¿Qué otras cosas reciclas en tu casa?

....

6 ¿Dejas las luces encendidas cuando sales de la habitación? ¿Por qué?

....

7 ¿Dejas enchufados los aparatos eléctricos todo el tiempo?

....

8 Cuando pones el lavavajillas o la lavadora, ¿están llenos?

....

9 ¿Tienes electrodomésticos de bajo consumo?

....

10 ¿Consumes realmente lo que necesitas?

....

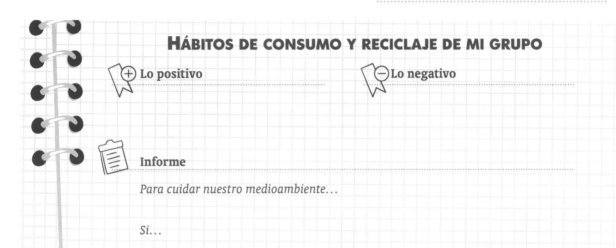

HÁBITOS DE CONSUMO Y RECICLAJE DE MI GRUPO

(+) **Lo positivo**   (−) **Lo negativo**

Informe

Para cuidar nuestro medioambiente…

Si…

| **Intercultura** |

| **3.1.** | ¿Te han hecho reflexionar los hábitos de consumo y reciclaje de tus compañeros? ¿Qué costumbres son iguales o diferentes en tu país?

| **Grupo cooperativo** |

> | **4** | Dividid la clase en grupos, leed la convocatoria de este concurso y decidid a qué categoría os vais a presentar. Luego, seguid las pautas.

CUIDEMOS EL MEDIOAMBIENTE
por nuestro futuro

Con el objetivo de reconocer la labor de todos aquellos que contribuyen a proteger el medioambiente a través del reciclaje, Ecovida ha creado los premios Natur sobre iniciativas innovadoras en reciclaje y cuidado del medioambiente.

Se premiarán tres categorías a la mejor iniciativa para reciclar y cuidar el medioambiente en:

1‣ las empresas.   **2**‣ los hogares.   **3**‣ las ciudades.

El plazo de recepción de las propuestas estará abierto desde el 15 de marzo hasta el 15 de abril. Toda la información sobre los premios estará disponible en la web de los premios Natur.

CONTINÚA »

1. Proponed iniciativas nuevas en la categoría que habéis elegido mediante una lluvia de ideas en el grupo. Elegid la que os parece más adecuada teniendo en cuenta si es posible, si es económica y los beneficios ecológicos que puede producir.

2. Preparad vuestra presentación utilizando el nuevo tiempo verbal que habéis aprendido. Uno de vosotros será el encargado de redactarla correctamente.

3. Intercambiad vuestro trabajo con el de los demás grupos y añadid vuestras sugerencias. Revisad los comentarios de los demás compañeros a vuestro trabajo.

4. Una vez que habéis llegado a la propuesta final, elegid a la persona del grupo que va a exponer la iniciativa al resto de la clase.

5. Votad al ganador del premio, según cada categoría, justificando vuestra elección.

3 ESPACIOS NATURALES

Cultura

> 1 | Fíjate en este mapa y decide con tus compañeros cuáles son los países de la cuenca amazónica y en cuáles se habla español.

El **río Amazonas** es el segundo río más largo y el primero más caudaloso del mundo. Está situado en América del Sur y recorre el continente de oeste a este. La cuenca del Amazonas es también la cuenca hidrográfica de mayor superficie del planeta y mantiene la selva amazónica. Abarca nueve países: ...., ..., ..., ..., ..., Surinam, Guyana y Guayana Francesa.

| 1.1. | Lee el texto y, con la ayuda del diccionario, une las palabras o expresiones de la columna de la izquierda con su definición correcta.

El precio de conservar el Amazonas

La Amazonia, conocida como "pulmón del planeta", es el bosque tropical más extenso del mundo, con una extensión de unos seis millones de kilómetros cuadrados. Actualmente, la selva amazónica está desapareciendo a un ritmo acelerado debido a la acción humana. La deforestación se produce por el crecimiento de las ciudades, la minería y la tala ilegal de árboles. Casi la mitad de Ecuador está cubierto de árboles, pero la tasa de deforestación es la más alta de América Latina, pues se pierden 200 000 hectáreas anuales. La mitad de la superficie forestal (54%) pertenece a las once comunidades indígenas que habitan el país, por eso es importante trabajar con ellos en el mantenimiento del bosque. Por este motivo, el gobierno de Ecuador ha lanzado el Programa SocioBosque, que se desarrollará en cinco millones de hectáreas y consistirá en pagar directamente a

CONTINÚA »

campesinos e indígenas por la conservación del bosque para evitar la tala ilegal.
Para la importación de madera existe un sello que garantiza que esta procede de
zonas donde la tala de árboles se produce de forma controlada, además de contar
con un programa social para la zona de extracción. De esta manera, se asegura que
la actividad maderera es ambientalmente sostenible, que la madera no procede de especies protegi-
das y que es económicamente posible. ∎

Texto adaptado de: http://www.publico.es/188957/el-precio-de-conservar-el-amazonas

1. deforestación . . . . ✳	✳ **a.** Que tiene probabilidades de poder llevarse a cabo.
2. talar . . . . ✳	✳ **b.** Asegurar/certificar.
3. garantizar . . . . ✳	✳ **c.** Que puede mantenerse por sí mismo, sin reducir los recursos existentes.
4. sostenible . . . . ✳	✳ **d.** Proceso en el que se destruye la superficie forestal.
5. viable . . . . ✳	✳ **e.** Cortar un árbol por su base.
6. extraer . . . . ✳	✳ **f.** Sacar/obtener.

| 1.2. | Lee de nuevo el texto y corrige la información incorrecta.

1 La Amazonia se conoce como "pulmón del planeta" porque es el parque natural más extenso de Ecuador.

. . . .

2 El gobierno de Ecuador ha lanzado un plan para favorecer la deforestación.

. . . .

3 Todo Ecuador está cubierto por árboles y la tasa de deforestación es la más baja de América Latina.

. . . .

4 El programa del gobierno de Venezuela se desarrollará en cinco millones de kilómetros y pagará directamente a campesinos e indígenas por la conservación de los parques naturales.

. . . .

5 Los sellos de garantía no certifican la procedencia de la madera.

. . . .

| 1.3. | Fíjate en la siguiente información, completa el cuadro con otro ejemplo para cada estructura y, después, pregunta a tu compañero qué cree que pasará en el futuro si no se toman medidas efectivas para proteger el Amazonas y otros espacios naturales del planeta.

Hacer conjeturas

✗ Para hacer **conjeturas**, es decir, para hablar de acontecimientos del presente o del futuro de los que no estamos seguros, utilizamos:

- *Creo/imagino/supongo* + *que* + futuro imperfecto:
  - *Imagino que* no podremos disfrutar de la naturaleza, porque *supongo que* desaparecerán muchos espacios naturales.
  - . . . .

- *No sé si/cuándo/dónde* + futuro imperfecto:
  - *No sé si* serán las medidas correctas, pero habrá que intentarlo.
  - . . . .

[>]| **2** | Reflexiona sobre tu aprendizaje y describe brevemente para qué utilizarás el español en tu futuro. El profesor te dará la tabla de evaluación del Portfolio de las Lenguas para ayudarte.

Mi objetivo es… ....

....

Para conseguirlo… ....

....

| **2.1.** | El futuro también se usa en español para hacer promesas. Fíjate en la información y habla con tus compañeros para redactar, entre todos, vuestro decálogo de compromiso con el español, según los objetivos de la actividad anterior.

Hacer promesas

✗ Para hacer promesas utilizamos:

- ***Te prometo/juro/aseguro*** + ***que*** + futuro imperfecto:
  – ***Te aseguro que*** lo intentaré.

- ***Te prometo*** + infinitivo:
  – ***Te prometo*** intentarlo.

- ***Te lo prometo:***
  – Lo haré, ***te lo prometo.***

°4 OCIO AL AIRE LIBRE

[>]| **1** | Observad estas fotos. Hablad de las actividades al aire libre que podréis realizar en estos lugares si los elegís como destino para el próximo fin de semana.

| **1.1.** | Relacionad las descripciones de estos viajes con las imágenes de la actividad anterior y completad las fichas.

1 Muy cerca de Madrid y al norte de la provincia de Guadalajara, la ruta de los pueblos negros es ideal para una escapada de fin de semana. Su nombre responde al material utilizado para la construcción de sus casas tradicionales: la pizarra[1] negra. En nuestras rutas a caballo verás unos paisajes que conservan toda su belleza y escaparás de la rutina de la gran ciudad. Disfrutarás del senderismo por los hayedos[2] más meridionales[3] de España, de la variedad de setas de sus bosques y de la fauna[4] local. Te podrás alojar en albergues, casas rurales y hoteles.

¹Piedra plana de color oscuro. ²Bosque de hayas. ³Del sur. ⁴Conjunto de animales de una zona.

CONTINÚA »

2 ☐ Si buscas turismo activo, ven al Parque Nacional de los Picos de Europa, situado en el norte de España, concretamente en la cordillera cantábrica, entre Asturias, León y Cantabria. Es el segundo parque nacional más visitado de España. En él encontrarás glaciares[1], lagos y una abundante fauna, en la que destacan más de 140 especies de aves diferentes. Ven y harás el descenso[2] del río Sella en canoa, montarás en *quads*, subirás a 2000 metros de altura en el teleférico de Fuente Dé y disfrutarás de la espeleología[3]. ¡Vivirás toda una aventura! Alojamiento en posadas y casas rurales.

[1]Masa de hielo en las montañas. [2]Bajada. [3]Actividad científica y de aventura dentro de una cueva.

3 ☐ El paquete naturaleza, aventura y tradición en el Parque Nacional de Doñana, Andalucía, te ofrece conocer el espacio protegido más importante de España y una de las mayores reservas naturales de Europa. Con la oferta de una noche, tendrás incluida una visita de medio día en 4x4 al parque, más un paseo a caballo por la tarde. Si compras la oferta de dos o más noches, disfrutarás, además, de una visita guiada a una de las bodegas[1] más famosas de la zona. Alojamiento con desayuno en hotel, en habitación doble o choza marismeña[2] con capacidad para hasta seis personas.

[1]Lugar donde se produce y guarda el vino. [2]Casa de madera típica de la zona.

Ruta de los pueblos negros	Parque Nacional de los Picos de Europa	Parque Nacional de Doñana
Localización:	**Localización:**	**Localización:** ....
Qué ver:	**Qué ver:**	**Qué ver:** ....
Qué hacer:	**Qué hacer:**	**Qué hacer:** ....
Alojamiento:	**Alojamiento:**	**Alojamiento:** ....

| **1.2.** | 👤 🔊 |48| Tres amigos van a salir de fin de semana y están decidiendo dónde ir. Después de escuchar su conversación, marca las actividades que mencionan.

☐ Pasear.
☐ Montar a caballo.
☐ Salir al campo.
☐ Participar en deportes de aventura.
☐ Montar en canoa.
☐ Visitar una bodega.
☐ Visitar parques naturales.
☐ Visitar ruinas.

☐ Hacer una ruta en *quad*.
☐ Practicar remo.
☐ Hacer submarinismo.
☐ Montar en bicicleta.
☐ Hacer espeleología.
☐ Hacer montañismo.
☐ Ir de compras.
☐ Visitar museos.

> **2** Relacionad el léxico del tiempo atmosférico con su símbolo correspondiente.

1. sol .... *
2. nubes .... *
3. tormenta .... *
4. niebla .... *
5. lluvia .... *
6. viento .... *
7. hielo .... *
8. nieve .... *

* **a.**
* **b.**
* **c.**
* **d.**
* **e.**
* **f.**
* **g.**
* **h.**

| **2.1.** |  María y Raúl consultan la predicción del tiempo para el próximo fin de semana en dos sitios diferentes. Lee la información, mira el mapa meteorológico y di a cuál de las dos predicciones corresponde.

www.eltiempohoy.es

El tiempo hoy

El viernes se acercará por el **oeste** una tormenta que provocará un ligero empeoramiento del tiempo durante el fin de semana. Bajarán las temperaturas en la mitad **noroeste**, especialmente en el Cantábrico, donde habrá posibilidades de nieve, y se mantendrán estables en el **sur**. Tendremos lluvia intensa en el **este** y tormentas en el **centro** de la Península. También habrá nubes en Canarias, con posibilidad de lluvia débil. Tiempo soleado en el resto del país.

El noticiero global

Una fuerte tormenta situada en el Atlántico afectará al **norte** de la Península durante el fin de semana. Predominarán las lluvias en el **noroeste**, con densa niebla durante la mañana en la cordillera cantábrica. En los Picos de Europa nevará. Estará parcialmente nuboso en el **noreste** a primeras horas de la mañana, con ligeras heladas. Habrá fuertes vientos en el **centro** por la mañana y saldrá el sol durante la tarde. En el **sur** y en la costa mediterránea brillará el sol y disfrutaremos de cielos despejados. En general, se espera una ligera subida de las temperaturas en todo el país.

| **2.2.** | Escucha el pronóstico del tiempo en este programa de radio. ¿Con cuál de los pronósticos anteriores coincide?

[49]

| **2.3.** | ¿Qué tiempo hará en cada uno de los sitios propuestos para pasar el próximo fin de semana? Descríbelo y después compara tus respuestas con las de tu compañero.

- ✖ El tiempo en la ruta de los pueblos negros…
- ✖ El tiempo en el Parque Nacional de los Picos de Europa…
- ✖ El tiempo en el Parque Nacional de Doñana…

| **2.4.** | Cread un evento en Facebook para el viaje que van a hacer los tres amigos este fin de semana. No olvidéis describir el lugar, qué se puede hacer y qué tiempo hará.

Facebook

facebook

Evento

> | **3** | ¿Cuál de los tres sitios propuestos os gustaría conocer? ¿Por qué?

5 LOS SONIDOS /f/, /j/

>| 1 | Escucha y repite las siguientes palabras que contienen el sonido /j/.

|50|

× julio × rojo × viaje × jamón × jeque

× gente × gitano × reloj × elegir × jinete

× mojado × ajuar × lejos × jota × jueves

> **Recuerda**
>
> El sonido /j/ se representa gráficamente con *g* y *j*: ja, ge/je, gi/ji, jo, ju: *caja*, *gente*, *jefe*, *agitar*, *cojín*, *joya*, *Julián*.

>| 2 | Coloca las palabras del recuadro junto a su par correspondiente. Si no conoces algún significado, pregúntale a tu profesor o busca la palabra en el diccionario.

× dijo   × *paja*   × jota   × justo   × ajo   × liga   × soga   × paje   × vago   × higo

- paga.. *paja* ....
- lija ....
- hijo..........
- hago..........
- pague.........
- digo ....
- gusto ....
- bajo ....
- soja ....
- gota ....

>| 3 | Escucha y repite las siguientes palabras que contienen el sonido /f/.

|51|

× fecha × golfo × refutar × filón × afilar × furor × afear

× fruta × frito × fama × foto × rifa × flecha × flema

>| 4 | Escucha y une las palabras que oigas.

|52|

PAVOR	FOCA	VINO	FLOTE	BROTE
FAVOR	BOCA	FINO	FORRO	PISO
FALDA	PRESA	FLAN	BORRO	FRISO
BAZA	FRESA	PLAN	FRUTA	BRUTA

>| 5 | Vamos a jugar al bingo. Tu profesor te va a dar una ficha. Sigue las instrucciones.

¿Qué he aprendido?

1 **Cuéntale a tu compañero qué harás...**
- el día de tu cumpleaños
- en Navidad
- el próximo verano
- al final de tu curso de español

2 **Completa las siguientes frases.**
- Te prometo que iré a verte si... ....
- Si hace buen tiempo... ....
- ¡Qué raro! Luis no ha venido... ....
- El tiempo mañana en el norte de la Península ....

3 **Construye frases para expresar una condición.**
- Ir al teatro. Comprar las entradas (tú). ....
- Doler la cabeza. Ir al médico (vosotros). ....
- Venir a casa. Traer pasteles para la merienda (ellos). ....
- Ir a la montaña. Hacer senderismo (yo). ....
- Levantarse temprano. Ver el amanecer (tú). ....

4 **¿Cuál es tu opinión sobre el Portfolio de las Lenguas? ¿Te parece una iniciativa útil? Justifica tu respuesta.**

Contenidos funcionales
- Hacer hipótesis o expresar probabilidad sobre el pasado.
- Pedir y dar consejos y sugerencias.
- Expresar cortesía.
- Expresar un deseo de presente o futuro.
- Expresar una acción futura respecto a otra pasada.
- Preguntar por la salud y expresar estados físicos.
- Pedir una cita.

Contenidos gramaticales
- Condicional simple: morfología y usos.
- Revisión del verbo *doler*.
- Marcadores del discurso: conectores y estructuradores de la información.

Tipos de texto y léxico
- Twitter.
- Foro.
- Textos conversacionales.
- Textos descriptivos.
- Léxico relacionado con la salud.
- Léxico específico para dar consejos y hacer sugerencias.

El componente estratégico
- Inferir el significado de las palabras o expresiones de los hablantes en un diálogo, observando la actitud de los interlocutores.

Contenidos culturales
- La sanidad pública y la sanidad privada en España e Hispanoamérica.
- Comportamientos relacionados con el cuidado de la salud.

Ortografía/Fonética
- Los sonidos /n/, /ñ/, /ch/ y /y/.
- Los dígrafos *ch* y *ll*.
- Las letras *y* y *ll*.

1 ¿QUÉ PASARÍA AYER?

> | 1 | Fijaos en las imágenes, especialmente en la actitud de los interlocutores, y relacionadlas con los diálogos que aparecen debajo.

A

B

C

D

Diálogo 1
- Pero, ¿a qué hora has llegado esta noche?
- No sé, papá. **Serían** las doce y media. ¡Qué pesado!

Diálogo 2
- ¿**Podría** traernos un poco de leche fría, por favor?
- Enseguida...

Diálogo 3
- Me **encantaría** comprármelo, pero ¡es tan caro!
- Yo que tú me lo **compraría**. ¡Es precioso!

Diálogo 4
- Pensé que te **quedaría** bien, puedes cambiarlo.
- No te preocupes, lo cambiaré esta tarde.

| 1.1. | En los diálogos anteriores aparece un tiempo nuevo, el condicional simple. Fíjate en su conjugación. Luego, vuelve a leer los diálogos y relaciónalos con el uso del condicional correspondiente.

El condicional simple regular e irregular

x El condicional simple se forma con el **infinitivo** más la **terminación,** que es la misma para las tres conjugaciones de los verbos regulares e irregulares.

x Verbos **regulares:**

	x Verbos en –*ar* x	x Verbos en –*er* x	x Verbos en –*ir* x
	Qued**ar**	**Ser**	**Ir**
Yo	quedar**ía**	ser**ía**	ir**ía**
Tú	quedar**ías**	ser**ías**	ir**ías**
Él/ella/usted	quedar**ía**	ser**ía**	ir**ía**
Nosotros/as	quedar**íamos**	ser**íamos**	ir**íamos**
Vosotros/as	quedar**íais**	ser**íais**	ir**íais**
Ellos/ellas/ustedes	quedar**ían**	ser**ían**	ir**ían**

x Los verbos **irregulares** en condicional son los mismos que en el futuro de indicativo con sus correspondientes terminaciones:

Pierden la vocal -e	Pierden la vocal y aparece una -d	Otros
Querer → **querría**	Venir → **vendría**	Hacer → **haría**
Saber → **sabría**	Salir → **saldría**	Decir → **diría**
Caber → **cabría**	Poner → **pondría**	
Haber → **habría**	Tener → **tendría**	
Poder → **podría**	Valer → **valdría**	

Usos del condicional

x Con el condicional podemos: Diálogo n.º
  • Expresar una **acción futura** con respecto a otra **pasada** .... ☐
  • Expresar una **hipótesis** o **probabilidad** en el **pasado** .... ☐
  • Dar un **consejo** o **hacer sugerencias** .... ☐
  • Expresar un **deseo** .... ☐
  • Expresar **cortesía** .... ☐

| 1.2. | Leed las siguientes conversaciones y completadlas con la forma correcta del condicional. Después, explicad la función del condicional en cada caso, según el cuadro anterior.

— ¿Te (importar) [1] ....
pasarme la carpeta, por favor?   → | *Expresa cortesía* |

— ¡Qué raro! Dijo que (llegar)
[2] .... a las seis
y son ya las siete y cuarto.   → | |
— Es verdad, y prometió que (ser)
[3] .... muy puntual.   → | |

CONTINUA »

● Está en el paro y la semana pasada se compró un coche y, ayer, ese abrigo.
● Sí, es raro… No sé, le (tocar) [4] .... la lotería de Navidad o te (mentir) [5] .... cuando te dijo que estaba en el paro. →

● Yo en tu lugar me (tomar) [6] .... unas vacaciones y me (ir) [7] .... a algún sitio para tratar de olvidarla. →
● Ya, pero es que me (gustar) [8] .... tanto hablar con ella para explicarle lo que ha pasado… →

| 1.3. | Fíjate en la información que aparece a continuación y responde a estas preguntas sobre los diálogos anteriores haciendo hipótesis. Compáralas después con tu compañero.

Hacer hipótesis o expresar probabilidad sobre el pasado

✗ Con el condicional simple podemos hacer **hipótesis** o expresar **probabilidad** referida a acontecimientos del pasado:

   ○ *¿Quién era la chica que estaba con Antonio?*
   ● *No sé, **sería** su hermana.*

✗ También podemos hacer una **estimación aproximada** de la **cantidad** o del **tiempo**:

   ○ *¿Cuánta gente había en la fiesta?*   ○ *¿A qué hora salió de trabajar?*
   ● *Pues…, **habría** unas veinte personas, más o menos.*   ● ***Serían** las seis y media o las siete… Muy tarde.*

1 ¿Para qué quería la carpeta? ....

2 ¿A quién esperaban los dos amigos y por qué se retrasaba? ....

3 ¿De quién hablaban las dos mujeres? ....

4 ¿Por qué el señor del abrigo tenía tanto dinero si estaba en el paro? ....

5 ¿Por qué lloraba el chico? ¿Qué tenía que explicar a la chica de quien hablaba? ....
....

| 1.4. | Elige una de las situaciones que aparecen a continuación. Tú estabas presente cuando todo sucedió y ahora se lo explicas a tu compañero formulando hipótesis sobre lo ocurrido.

Ejemplo:

*El otro día iba en el metro y, en la estación de Atocha, la chica que estaba sentada a mi lado se levantó y salió corriendo. **Estaría** distraída y no se **daría** cuenta porque por poco se le cierran las puertas…*

¿Qué pasó?

✗ Ayer un amigo común salió en la portada de una revista local.

✗ Anoche estabas en una hamburguesería y dos personas empezaron a discutir.

✗ Una grúa se llevó el coche de tu profesor.

✗ Tenías que hacer un trabajo y se te estropeó el ordenador.

✗ Tu vecina salió ayer con tres grandes maletas de viaje.

>| 1 | En el foro *Cosas a tener en cuenta*, la gente ha colgado algunas consultas. Leedlas y relacionadlas con sus consejos correspondientes.

Temas	Respuestas	Autor	Lecturas
1 Dejar de fumar Llevo desde los dieciocho años fumando y me gustaría dejarlo. ¿Qué podría hacer?	2 *E*	ausod76	342
2 Insomnio Desde que perdí mi trabajo no duermo bien. Me cuesta mucho coger el sueño. ¿Algún consejo?	2	sebas36	122
3 Aprender español En mi empresa ofrecen un puesto de trabajo en España, pero necesito hablar español con fluidez. Me gustaría optar a este puesto, pero mi nivel es bajo. ¿Alguien me da un consejo?	3	peterxc	204
4 Conservar a los amigos Hola a todos. Tengo pocos pero muy buenos amigos, y últimamente me preocupa perderlos porque me he trasladado a vivir a otra ciudad. ¿Qué debería hacer para conservarlos?	3	ivanne	234
5 Vivir sin estrés Últimamente me siento muy cansada, no tengo ganas de hacer nada y siempre estoy pensando en el trabajo. Estoy estresada. ¿Qué me aconsejáis?	1	sandra33	87
6 Llevar una vida más sana No me cuido nada y, como no tengo tiempo, siempre tomo comida precocinada. Quiero cambiar estos malos hábitos. ¿Qué puedo hacer?	0	carlos76	34
7 Pasar un fin de semana inolvidable Vienen a Valencia dos amigos franceses y quiero pasar con ellos un buen fin de semana. ¿Alguien me propone algún plan?	0	anaisann	22
8 Conocer a nuevos amigos Soy una erasmus en Madrid y quiero conocer gente. ¿Me podéis ayudar?	0	enmasa	11

A **Yo que tú** cambiaría esa dependencia, sustituyéndola por una alimentación sana y evitar, así, ganar peso.

B **Yo** no trabajaría tantas horas y dedicaría más tiempo a cosas que te hagan feliz.

C **Podrías** llamarles una vez a la semana. Ah, y el Whatsapp no debe faltar en tu vida.

D **Yo en tu lugar** me tomaría un baño todas las noches antes de ir a la cama, para relajarme.

E *Lo primero que **deberías** hacer es tomar conciencia real de que esto está afectando a tu salud. Después, **tendrías que** ir al médico para seguir algún programa de ayuda.*

F **Yo que tú** empezaría a estudiar ya mismo y me apuntaría a un curso intensivo.

G **Podrías** usar Internet para participar en foros en español y soltarte.

H **Yo que tú** haría un viaje a España y hablaría con gente nativa.

I **Yo** contaría siempre con ellos y compartiría algunas actividades de ocio.

J **Tendrías que** caminar un par de horas para disminuir la tensión y relajarte.

K **Deberías** quedar con ellos los fines de semana e invitarles a venir a tu ciudad de vez en cuando.

| **1.1.** | 👤 ⚙️ Lee otra vez los consejos y completa el cuadro.

Dar consejos o hacer sugerencias

✗ Podemos **dar consejos** o **hacer sugerencias** con el **condicional**.

| • Si nos ponemos en el lugar de la otra persona para decir lo que nosotros haríamos: | • Si sugerimos lo que la otra persona debería hacer: |

• *Yo que tú/usted*		• *Deberías*	
• [1]	+ condicional	• [3]	+ infinitivo
• [2]		• [4]	

> | **2** | 👤 ⚙️ Completa los siguientes consejos con las estructuras estudiadas.

1 El profesor le dijo: *John, ... dedicarle más tiempo a la gramática del español. Veo que utilizas mal las estructuras.*

2 Un amigo le dijo a otro: .... *le llamaría por teléfono y le pediría perdón.*

3 El médico al paciente: .... *dejaría de fumar inmediatamente.*

4 Un amigo a otro: .... *no lo dudaría ni un momento, vete ahora mismo y díselo ya.*

5 Una amiga a otra: No .... *ser así.* .... *trataría de arreglar los problemas que tienes con tus padres.*

6 La mujer a su marido: .... *hablar directamente con tu jefe y pedirle una explicación sobre lo sucedido.*

> | **3** | 👤 🖊️ Ahora, escribe en el foro anterior (actividad 1) para aconsejar a las tres personas que todavía no han recibido respuesta. Utiliza las estructuras que has aprendido para dar consejos y hacer sugerencias.

6 ....
....

7 ....
....

8 ....
....

> | **4** | 🗣️ Pídele consejo a tu compañero acerca de tus problemas y aconséjale también sobre los suyos.

 ALUMNO **A**

• Mañana tienes un examen y estás muy nervioso.

• Has discutido con un amigo por una tontería.

• No puedes vivir sin el móvil y estás todo el día usándolo.

• Tienes problemas con un compañero de piso porque es muy ruidoso y no comparte las tareas.

 ALUMNO **B**

• Mañana vas a una entrevista de trabajo y estás muy nervioso.

• Tus padres te han dejado el coche y has tenido un golpe con él.

• Quieres irte de vacaciones pero no sabes dónde ir.

• Has descubierto que un amigo tuyo engaña a su pareja con otra persona.

NUNCA PENSÉ QUE LO HARÍA

> | **1** | Estos son los comentarios que han subido a Twitter algunas personas sobre la etiqueta: *#Cosasquenuncapenséqueharía*. ¿Cómo creéis que se sienten? ¿Están satisfechas con lo que han conseguido?

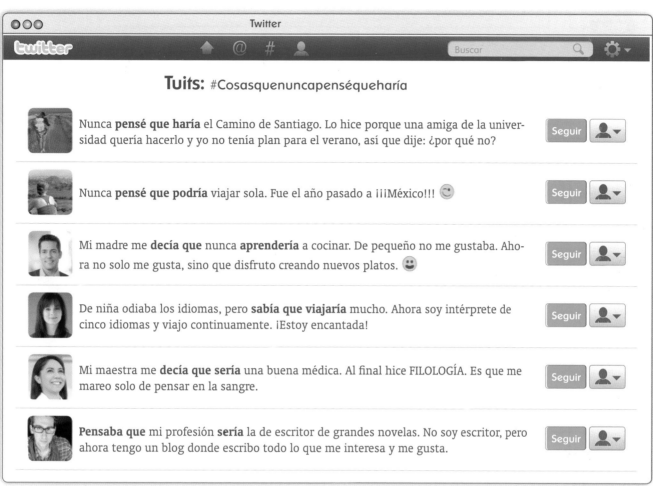

Tuits: #Cosasquenuncapenséqueharía

Nunca **pensé que haría** el Camino de Santiago. Lo hice porque una amiga de la universidad quería hacerlo y yo no tenía plan para el verano, así que dije: ¿por qué no?   `Seguir`

Nunca **pensé que podría** viajar sola. Fue el año pasado a ¡¡¡México!!! ☺   `Seguir`

Mi madre me **decía que** nunca **aprendería** a cocinar. De pequeño no me gustaba. Ahora no solo me gusta, sino que disfruto creando nuevos platos. ☺   `Seguir`

De niña odiaba los idiomas, pero **sabía que viajaría** mucho. Ahora soy intérprete de cinco idiomas y viajo continuamente. ¡Estoy encantada!   `Seguir`

Mi maestra me **decía que sería** una buena médica. Al final hice FILOLOGÍA. Es que me mareo solo de pensar en la sangre.   `Seguir`

Pensaba que mi profesión **sería** la de escritor de grandes novelas. No soy escritor, pero ahora tengo un blog donde escribo todo lo que me interesa y me gusta.   `Seguir`

| **1.1.** | Volved a leer los comentarios de Twitter y completad como en el ejemplo.

> *Pensaba...*	> *Realmente...*
1 *Pensaba que nunca haría el Camino de Santiago.*	**1** *Lo hizo.*
2	**2**
3	**3**
4	**4**
5	**5**
6	**6**

Expresar una acción futura respecto a otra pasada

× También utilizamos el condicional para expresar una **acción futura en relación a un pasado**:

– Nunca **pensé que haría** el Camino de Santiago.

– Mi maestra me **decía que sería** una buena médica.

– **Sabía que viajaría** mucho.

> | **2** |  Completa estos testimonios que hablan sobre lo que esperaban ser y lo que han sido.

ROSA

Yo siempre **pensé que** .... Enfermería, que .... a mi pareja ideal, que .... con él y que .... una familia... ¡Ah!, y que .... solo a la casa y a la familia. Pues nunca me he casado y no tengo hijos, pero no he dejado de trabajar nunca como enfermera, que es lo que más me gusta.

Mi familia **pensaba que** .... un gran abogado como mi padre y yo mismo lo creí durante mucho tiempo, pero en un viaje a la India descubrí que podía ayudar de otra manera y desde entonces trabajo en Cooperación Internacional.

JAVIER

ÁNGELA

Tenía muchos sueños, muchos; **imaginaba que** .... un buen trabajo, que .... mucho dinero, que .... muy independiente y que .... por todo el mundo, pero a los veinte años me enamoré, me casé y dejé los estudios para ocuparme de la casa; nunca me lo perdonaré, nunca.

Yo no quería trabajar en la empresa de mi familia. **Imaginaba que** .... un buen actor y me .... en una estrella de cine; sin embargo, cuando falleció mi padre tuve que asumir todo el control de la empresa y todo cambió. Dejé mis estudios de Arte Dramático y me convertí en empresario, ¡es deprimente!

PACO

LORENA

A mí, **me gustaba pensar que** .... en un *reality show* y que .... a muchos famosos, que .... en la televisión y que .... presentadora de algún programa. Pero resulta que la televisión me da vergüenza y que no me interesa nada ese mundillo. ¡Menos mal que se me borró esa idea de la cabeza!

| **2.1.** |  Escucha y comprueba. ¿Cómo se sienten? ¿Qué podrían hacer para sentirse más satisfechos?
|53|

| **2.2.** | ¿Y tú? ¿Cómo imaginabas que sería tu vida cuando eras niño? Escríbelo y, luego, cuéntaselo al resto de tus compañeros de grupo. Comparad lo que pensabais llegar a ser y lo que sois. Recuerda que los datos pueden ser inventados.

| **Sensaciones** |

| **2.3.** | ¿Cómo pensabas que sería aprender español? ¿Y ahora? ¿Has cambiado de idea? Habla con tus compañeros.

Pensaba que sería...	*Ahora creo que es...*
• ...más fácil.	• ...más fácil.
• ...más difícil.	• ...más difícil.
• ...más aburrido.	• ...más aburrido.
• ...más divertido.	• ...más divertido.
• Otro:	• Otro: ....

> | **3** | 👤 ⚙️ Estos son los deseos que tienen las personas de la actividad anterior. ¿A quién crees que pertenecen?

Expresar un deseo de presente o futuro

✗ También utilizamos el condicional para **expresar un deseo** para el presente o futuro:

– **Me gustaría** hablar contigo esta noche.

– **Desearía** vivir en una ciudad con playa.

– **Querría** estudiar chino.

– **Me encantaría** viajar por todo el mundo.

1 Me gustaría decir a los jóvenes que la fama no es lo importante en la vida. . . . . ⬜

2 Desearía crear mi propia ONG dedicada a escolarizar a los niños de la calle. . . . . ⬜

3 Querría hacer, al menos, algo de teatro, como lo hacía en el instituto. . . . . ⬜

4 Aunque soy feliz, me encantaría casarme y tener hijos. . . . . ⬜

5 Desearía volver a estudiar y ser independiente. . . . . ⬜

| **3.1.** | 🌐 💬 ¿Y tú? ¿Qué deseos tienes para el futuro? Coméntalo con tus compañeros.

4 ▸ DEBERÍAS CUIDARTE

> | **1** | 👥 💬 Luis hoy no ha venido a clase porque se ha caído. Leed este diálogo y decidid lo que creéis que debe hacer.

Luis ▸ Me he caído y me encuentro fatal.

Ana ▸ ¿Sí? ¿Qué te ha pasado?

Luis ▸ Me he resbalado en el portal y me he caído de lado. Me duele mucho la cabeza y un brazo.

Ana ▸ Tienes mal aspecto.

Luis ▸ ¿Qué crees que debería hacer?

Ana ▸ …

| **1.1.** | 🎧 🔊 Luis ha decidido, finalmente, consultar a un médico. En esta conversación, llama para
| 54 | pedir cita. Escucha y contesta las preguntas.

1 ¿Dónde llama Luis? . . . .

2 ¿Qué síntomas tiene? . . . .

3 ¿A dónde le recomienda ir el doctor? . . . .

4 ¿A quién le aconseja ver? . . . .

5 Si no puede conducir, ¿qué debe hacer? . . . .

| **1.2.** | 👤 ⚙️ Después de escuchar la conversación, ordena los acontecimientos.

⬜ **Luego**, el médico le recomendó ir a urgencias inmediatamente, pero a un hospital, porque allí podría verlo un traumatólogo y ver si tenía el brazo roto.

⬜ **Entonces** él le dijo que no podía esperar tanto.

⬜ Y **por último**, como el estudiante le dijo que estaba solo, el médico también le dijo que podría llamar a emergencias, al 112.

CONTINÚA ❯❯

Primero, cuando el estudiante llamó para pedir cita al centro de salud de Santa Marta, la enfermera le dijo que no podrían atenderle hasta el día siguiente.

La enfermera le preguntó qué síntomas tenía y el estudiante le explicó que le dolía la cabeza, que estaba mareado y que le dolía mucho el brazo derecho, **por eso**, le pasó enseguida con el médico.

Después, cuando el estudiante le dijo que podría ir solo, el médico le dijo que no debería conducir en su estado, que tendría que llevarle alguien.

Recuerda

✗ Los **marcadores del discurso** facilitan la **cohesión textual** y la **interpretación de los enunciados**. Fíjate en estos dos grupos:
- Conectores: *pero, porque, y, también, por eso, entonces…*
- Estructuradores de la información: *primero, luego, después, por último…*

> **2** ¿Recuerdas la última vez que fuiste al médico? Escribe un resumen utilizando los marcadores del discurso.

Cultura

> **3** Vas a conocer cómo es la sanidad en España e Hispanoamérica. Lee uno de los textos y hazle un resumen a tu compañero. Toma notas de la información que él te da.

ALUMNO A

LA SANIDAD EN ESPAÑA

El Sistema Nacional de Salud español dispone de una extensa red de centros de salud y hospitales públicos repartidos por toda la geografía nacional.
En los centros de salud se prestan servicios de atención primaria (medicina familiar, pediatría y enfermería). Si las circunstancias lo requieren, la atención médica se puede prestar en el domicilio del paciente. En los hospitales hay atención especializada y un servicio de urgencias.

Hospital Universitario La Paz, Madrid (España).

La sanidad pública española está considerada una de las mejores de Europa, con un equipo profesional altamente cualificado y con equipamientos de última generación. Sin embargo, muchas personas acuden a hospitales y clínicas privadas para evitar las listas de espera y por sus otras ventajas como los servicios de medicina por Internet, atención telefónica 24 horas para consultas médicas, servicios de odontología o revisiones.

ALUMNO B

LA SANIDAD EN HISPANOAMÉRICA

En Hispanoamérica existen bastantes diferencias entre los servicios que ofrecen los sistemas nacionales de salud y la sanidad privada.
Por un lado, existe la sanidad pública universal, pero suele presentar problemas de eficiencia, eficacia y cobertura. Estos problemas se deben a que la mayoría de las especialidades están centralizadas en las grandes ciudades, lo que trae como consecuencia el colapso por la sobrepoblación y la inaccesibilidad a quienes no pueden desplazarse desde sus pueblos o comunidades. Sin embargo, hay que decir también que la atención a la maternidad, a las enfermedades mentales, los medicamentos para el sida y casi todos los tratamientos del cáncer son gratuitos.

Hospital General de Medellín (Colombia).

Por su parte, a la sanidad privada solo recurre la población que tiene poder económico. Estas personas prefieren acudir a la consulta del médico privado, ya que les dedica más tiempo y les atiende casi en hora, hay buenos aparatos y muchos especialistas.

| 3.1. | Ahora contesta estas preguntas y luego comprueba tus respuestas leyendo de nuevo los textos.

1 ¿Qué tipo de asistencia médica podrías encontrar en un centro de salud en España?

. . . .

. . . .

2 ¿Por qué siendo el español uno de los mejores servicios sanitarios de Europa muchas personas acuden a hospitales y clínicas privadas?

. . . .

. . . .

3 ¿Qué problemas plantea la sanidad universal en Hispanoamérica?

. . . .

. . . .

4 ¿Por qué prefieren acudir en Hispanoamérica a las clínicas privadas?

. . . .

. . . .

| **Intercultura** |

| 3.2. | Ya tienes información sobre la sanidad en los países hispanos. ¿Hay algún aspecto que te sorprende? ¿Cómo es la sanidad en tu país? Coméntalo con la clase.

| **Grupo cooperativo** |

>| **4** | Vamos al médico. Seguid las pautas. Estamos en un Centro de Salud.

Para preguntar por la salud:
- ¿Cómo se/te encuentra/s?
- ¿Qué le/te duele?
- ¿Qué le/te pasa?
- ¿Cómo se/te siente/s?

Para expresar estados físicos:
- *(A mí) me duele/n* + partes del cuerpo.
- Estoy enfermo.
- Tengo fiebre.
- Me encuentro mal.
- No me siento bien.

1 Formad dos grupos: uno de médicos y otro de enfermos/pacientes.

2 Por grupos, cada médico debe elegir una especialidad excepto uno que debe ser el de medicina general, y cada enfermo unos síntomas de los que aparecen en las tablas de la página siguiente.

3 Los enfermos, primero, deben dirigirse al médico de medicina general para explicarle sus síntomas y el médico preguntará al paciente qué otros síntomas tiene y tomará nota de lo que dice, para escribir un informe que deberá dar al paciente para entregárselo al especialista que le recomienda visitar.

4 Ahora, los pacientes deben dirigirse a los médicos especialistas. El médico especialista deberá leer el informe, hablar con el paciente y preguntarle por sus síntomas. Después, le explicará el tratamiento que debe seguir y le dará algunos consejos. Por escrito, le entregará una pequeña valoración de su enfermedad y el tratamiento a seguir.

5 Después, los médicos debéis reuniros para comentar los casos. Los pacientes también debéis compartir el diagnóstico de vuestra enfermedad con los otros pacientes.

6 En grupo grande, haced una puesta en común. ¿Estáis de acuerdo con vuestros diagnósticos? ¿Hay mejores consejos o tratamientos? ¿El médico especialista os ha dado más información?

SÍNTOMAS

- Dolor de estómago, fiebre y mareos desde hace tres días.
- Dolor de muelas, fiebre, hinchazón de la cara.
- Dolor de oídos, de garganta y fiebre alta.
- Manchas y picor en el cuerpo.
- Dolor agudo de rodilla.

MÉDICOS

- Médico de medicina general.
- Traumatólogo (huesos).
- Otorrinolaringólogo (garganta y oídos).
- Dermatólogo (piel).
- Odontólogo (dientes).

>| **5** | 👥⚙️ También puedes acudir a la farmacia cuando tienes un problema leve de salud. Lee el diálogo, busca las fórmulas de cortesía que aparecen y colócalas en este cuadro.

Expresar cortesía para preguntar y responder

✗ También utilizamos el condicional para **expresar cortesía** con *tú* o *usted*:

- **¿Qué quería?**
- ....
- ....
- ....

| Farmacéutica | ¡Buenos días! **¿Qué quería?**

| Cliente | Verá, es que tengo mucha tos y me duele la garganta, ¿podría recomendarme algo eficaz?

F. Sí, desde luego. Yo tomaría este jarabe. Una cucharada cada ocho horas. Si quiere, puede probar también esta pomada de mentol para el pecho.

C. ¿Le importaría repetirme la dosis?

F. Una cucharada cada ocho horas. Tres veces al día es suficiente.

C. Muy bien. Voy a llevármelo.

F. Aquí tiene. ¿Necesita algo más?

C. Pues… una caja de aspirinas también.

F. ¿Pastilla normal, efervescente o sobres?

C. Preferiría pastillas efervescentes. ¿Cuánto es todo?

F. 15 con 54 euros.

C. ¿Me haría el favor de darme una bolsita?

F. Sí, aquí tiene.

| **5.1.** | 🔄💬 Pídele a tu compañero que realice estas acciones para ti. Tú responde a sus peticiones positiva o negativamente.

 ALUMNO **A**

1 Estás cocinando y quieres la opinión de alguien. Pide amablemente a tu compañero de piso que pruebe la comida.

2 Piensa en regalos que compras en tu país cuando visitas a un enfermo y aconseja a tu compañero.

3 Pide a una persona que te explique cómo llegar a la farmacia más cercana.

4 Tu hermano te pide ayuda para recoger el coche del aparcamiento del hospital, pero hoy no tienes tiempo. Discúlpate.

 ALUMNO **B**

1 Tienes alergia a la leche. No puedes tomar nada con leche porque te da dolor de estómago y tienen que llevarte al hospital.

2 Vas a ir al hospital a visitar a un amigo. Pídele a un compañero que te dé ideas de los regalos que puedes comprar.

3 Hay una farmacia al lado de tu casa. Explica cómo llegar.

4 Tienes que ir a recoger tu coche al aparcamiento del hospital pero tienes un brazo escayolado y no puedes. Pídele ayuda a tu hermano.

>| **1** | Escucha y repite las siguientes palabras que contienen los sonidos /n/ y /ñ/, respectivamente.

|55|

* número   * nadie   * noche   * nunca   * nieva   * pierna   * enero

* cañón   * uña   * buñuelo   * niño   * España   * eñe   * cariñoso

Fíjate

* La letra ñ es una letra que solo existe en español. ¿Existe un sonido parecido en tu lengua? ¿Con qué letra o letras se representa?

>| **2** | La *ch* en un dígrafo formado por las letras *c + h*. Escucha y repite las siguientes palabras que contienen el sonido /ch/.

|56|

* achaque   * churro   * sándwich   * chaqueta   * chorizo   * cheque   * abrocho

>| **3** | Escucha y repite las siguientes palabras que contienen el sonido /y/.

|57|

* ayuno   * lluvia   * yerma   * llave   * allí   * huyo   * sello

El sonido /y/ y las letras y/ll

* El sonido /y/ se escribe con *y* (ye/i griega) o *ll* (elle). La *ll* también es un dígrafo formado por *l + l*.
* La *y* es una letra que corresponde a dos sonidos: consonante → /y/ o vocal → /i/: *raya*, *rey*.
* En algunas zonas de España e Hispanoamérica se diferencia entre /y/ y /ll/, pero es un fenómeno minoritario.

>| **4** | Tu profesor te va a dar una ficha. Sigue las instrucciones.

¿Qué he aprendido?

1 Tus compañeros no han estado hoy en clase. Escribe dos conjeturas sobre lo que crees que les ha pasado.

....

....

2 Has encontrado la lámpara de Aladino y el genio te concede dos deseos. Pídeselos.

....

....

3 Escribe una lista de recomendaciones para ser feliz.

....

....

4 Hasta ahora, cuando entrabas en una tienda o te dirigías a personas desconocidas, ¿qué fórmulas de cortesía empleabas? ¿Y ahora? ¿Crees que lo que has aprendido te ayudará a comunicarte mejor con los hispanohablantes? ¿Por qué?

Contenidos funcionales

- Redactar noticias breves de prensa.
- Narrar hechos del pasado describiendo las circunstancias.
- Contar cómo se conocieron dos personas en el pasado.
- Contar anécdotas reales o inventadas.
- Expresar sorpresa e incredulidad.
- Expresar probabilidad en futuro y pasado.
- Mostrar interés.

Contenidos gramaticales

- Contraste de tiempos verbales en pasado (repaso).
- Interjecciones y expresiones para mostrar sorpresa e incredulidad.
- El futuro y el condicional para expresar probabilidad (repaso).
- *A lo mejor* + indicativo.

Tipos de texto y léxico

- Noticias, prensa escrita.
- Formato del periódico y organización de las secciones y contenidos.
- Programación de radio.
- Encuesta y entrevista.
- Prensa digital y otros recursos en Internet.
- Léxico relacionado con la prensa.
- Léxico relacionado con las anécdotas.

El componente estratégico

- Estrategias para analizar el método de lectura.
- Estrategias para reflexionar sobre los propios errores.
- Estrategias para aplicar contenidos lingüísticos según el comportamiento sociocultural en una conversación.

Contenidos culturales

- Principales periódicos y cadenas de radio de los países hispanos.
- La tomatina, los sanfermines (España) y la danza de los Diablos de Yare (Venezuela).
- Biografía de Pedro Almodóvar, Alejandro Sanz, Julieta Venegas y Pitbull.
- La interacción en España: comportamiento en una conversación.

Ortografía/Fonética

- El punto y la coma.

---

1 ¿ESTÁS AL DÍA?

> | 1 | ¿Conocéis alguno de estos periódicos? ¿Sabéis de dónde son? ¿Se venden en vuestro país? Buscadlos en Internet y averiguad si son publicaciones de España o de Hispanoamérica.

| Cultura |

| 1.1. | Lee estas noticias de publicaciones digitales y elige un titular para cada una de ellas. Hay un titular que sobra. Después, completa la ficha.

EL LANZAMIENTO DEL TRADICIONAL CHUPINAZO DA INICIO A LOS SANFERMINES PUNTUALMENTE

DIABLOS DE YARE DANZARÁN ESTE VIERNES EN LA CELEBRACIÓN DEL CORPUS CHRISTI

LA "CREMÁ" DE LA FALLA DEL AYUNTAMIENTO CELEBRADA EL 19 DE MARZO PONE FIN A LAS FIESTAS DE ESTE AÑO

BUÑOL VIVIÓ UNA DE SUS 'TOMATINAS' MÁS MULTITUDINARIAS

[1] ....

La fiesta grande ha estallado esta mañana en Pamplona desde el balcón principal del ayuntamiento. El chupinazo[1] se ha recibido con los habituales "vivas" al santo, coreados por miles de personas.

A las doce en punto, hoy 6 de julio, el concejal ha prendido la mecha del cohete que ha dado comienzo a nueve días de intensa fiesta con 431 espectáculos incluidos en el programa oficial, entre los que destacan los famosos encierros. ∎

[1]El chupinazo es un cohete que se lanza desde el balcón del ayuntamiento para anunciar el comienzo de la fiesta.

Adaptado de http://www.20minutos.es/noticia/1531806/0/sanfermines/chupinazo/inaki-cabases/

[2] ....

Un año más las calles de la localidad valenciana se tiñeron de rojo el último miércoles de agosto. Al grito de "¡tomate!, ¡tomate!", 45 000 participantes se lanzaron las 125 toneladas de esta verdura que repartió el ayuntamiento para unas fiestas que se han prolongado durante tres días. El alcalde valoró positivamente la edición de este año porque "la gente se lo ha pasado muy bien y ya estamos pensando en el año que viene", subrayó, y destacó "la gran afluencia de gente de todos los países llegada gracias a Internet y a los medios de comunicación que muestran una imagen divertida de la fiesta". ∎

Adaptado de http://www.tomatina.es/index.php/es/

[3] ....

En Yare, estado de Miranda (Venezuela), se celebrará este ritual religioso que la Unesco declaró Patrimonio Cultural Inmaterial de la Humanidad en 2012. Los Diablos danzarán este próximo viernes 3 de junio al son de un tambor típico. Bailarán por las calles del pueblo para luego arrodillarse frente a la iglesia, en señal de respeto al Santísimo, mientras el sacerdote los bendice. La música y el baile continuarán mientras se visitan las casas de algunos Diablos difuntos. La celebración terminará al final de la tarde y, el próximo año, volverán a representar este rito donde, de nuevo, el Bien vencerá al Mal. ∎

Adaptado de http://diariocontraste.com/es/?p=295

	Noticia 1	Noticia 2	Noticia 3
Fiesta			
Lugar de celebración			
Fecha			
Duración			

| **1.2.** | Reflexiona sobre la forma en que has leído las noticias. Luego, compara con tus compañeros. ¿Tenéis la misma forma de leer?

1 Cuando lees, ¿lees por palabras o por frases completas?

....

2 ¿Qué haces para entender el texto?

○ a. Vas mirando las imágenes.

○ b. Lees en voz alta.

○ c. Te imaginas lo que pasa.

○ d. Otro: ....

3 Cuando imaginas lo que lees, ¿cómo te lo imaginas?

○ a. En blanco y negro.

○ b. En color.

○ c. Imágenes con/sin movimiento.

○ d. Otro: ....

4 Cuando no entiendes una palabra, ¿qué haces?

○ a. Sigues leyendo.

○ b. Te paras y buscas en un diccionario.

○ c. Te paras y vuelves a leer para deducir el significado.

○ d. Otro: ....

>| 2 | Vuelve a leer las noticias de prensa anteriores y fíjate en los tiempos verbales que han utilizado los periodistas para redactarlas. ¿Qué diferencias encuentras? Completa la información.

La noticia

✗ La **noticia** es el relato de un texto informativo que cuenta un acontecimiento actual, desconocido, auténtico y de interés para todos. Aunque en la prensa escrita se prefieren los tiempos de pasado y en la televisión los de presente, también podemos leer y ver noticias contadas en futuro.

• En la noticia de la fiesta de la tomatina se han utilizado más las formas verbales de [   ].

• En la noticia de los sanfermines se han utilizado más las formas verbales de [   ].

• En la noticia de los Diablos de Yare se han utilizado más las formas verbales de [   ].

Intercultura

| 2.1. | Escribe una noticia de prensa breve sobre una fiesta tradicional de tu país o tu ciudad como las que has leído, en un máximo de ocho líneas. Después, léela al resto de la clase.

>| 3 | ¿Conoces alguna celebración más del mundo hispano? ¿Cuál? Vuestro profesor os dará información sobre otras fiestas tradicionales de España e Hispanoamérica. Elaborad entre toda la clase un calendario con las fiestas más importantes.

 ¿Cuáles son los medios de comunicación que utilizas con más frecuencia en español para informarte sobre los siguientes temas? Coméntalo con tu compañero.

	Medio de comunicación
Noticias	
Reportajes	
Debates	
Información práctica: tiempo, cartelera…	
Horóscopo	
Eventos culturales	
Otros…	

|**4.1.**| Los periódicos ordenan el contenido en secciones para facilitar al lector la búsqueda de información. Clasificad los siguientes contenidos en la sección apropiada.

- ✕ Noticias del propio país.
- ✕ Noticias regionales o locales.
- ✕ Información sobre cines, teatros…
- ✕ Sucesos y noticias sobre personajes famosos.
- ✕ Noticias sobre cine, teatro, música, danza…
- ✕ Programación de las televisiones y emisoras de radio.
- ✕ Noticias del mundo empresarial y comercial.

- ✕ Noticias deportivas.
- ✕ Anuncios por palabras.
- ✕ Noticias de todo el mundo.
- ✕ Información práctica: farmacias, loterías, el tiempo…
- ✕ Información sobre la cotización de las acciones.
- ✕ Noticias más importantes y sumario (índice).
- ✕ Sopa de letras, crucigrama, sudoku…

SECCIONES	CONTENIDOS
Portada	
Internacional	
Nacional	
Local	
Sociedad	
Cultura	
Cartelera.	
Anuncios breves . .	
Deportes	
Economía	
Bolsa	
Agenda	
Pasatiempos	
Radio y televisión .	

| **4.2.** | Lee estos titulares y escribe a qué sección del periódico pertenece cada uno. Después, compara tus respuestas con las de tu compañero.

1. ....

2. ....

3. ....

El Ministerio de Educación concederá becas a todos los universitarios el próximo año.

En Bruselas se alcanza un acuerdo europeo para los próximos ocho años.

Los Goya podrán tener hasta seis candidatas a mejor película.

4. ....

5. ....

6. ....

La selección española de fútbol espera a su rival en octavos.

Se vende Seat Ibiza 1.9 tdi Style. Año 2013. 15 000 km. Precio a convenir.

Un terrible accidente provoca retenciones de hasta 20 km en la autovía A-7.

| **4.3.** | Lee esta "terrorífica" noticia de la sección de sociedad. Subraya los acontecimientos de un color y las circunstancias en que ocurrieron, de otro.

Recuerda

✗ Cuando narramos en pasado historias, experiencias, anécdotas... usamos el **pretérito indefinido** para informar sobre los **acontecimientos** y el **pretérito imperfecto** para referirnos a las **circunstancias** en las que se produjeron.

Noticias

Boda de Drácula

Ayer, a las doce de la noche, se celebró, en el Hotel Transilvania, la boda del popular y enigmático conde Drácula con una mujer que responde a las iniciales A.B. y que declaró que estaba enamorada del señor de los Cárpatos desde que una noche abrió una ventana y le vio volando a la luz de la luna. Al parecer, esa noche, el conde se vistió con su mejor capa y salió a dar un paseo porque hacía mucho calor en su castillo. De repente, se dio cuenta de que le perseguían unos periodistas, así que "salió volando". A la ceremonia asistieron decenas de personas; principalmente, eran familiares y amigos de la novia, curiosos por saber qué iba a beber el conde en la comida. Las mujeres lucían vestidos espectaculares con cuello alto y bufandas, y los hombres llevaban bien anudada la corbata. La fiesta terminó al amanecer. Según señalaron los asistentes, *lo pasaron de miedo.* ■

El conde Drácula el día de su boda.

Fíjate

✗ *Pasarlo de miedo* es una expresión idiomática que significa *pasarlo muy bien, fenomenal, estupendamente.*

Grupo cooperativo

>| 5 | Vamos a elaborar otra noticia "loca" para la sección de sucesos entre toda la clase. Seguid las pautas.

1 Poneos de acuerdo en qué, a quién y cómo lo vais contar.

2 Repartíos estas preguntas y escribid la respuesta en vuestro cuaderno.

Los hechos → ¿Qué ha sucedido?	El lugar → ¿Dónde ha sucedido?
El sujeto → ¿Quién lo ha hecho?	El tiempo → ¿Cuándo ha sucedido?
El modo → ¿Cómo ha sucedido?	La causa → ¿Por qué ha sucedido?

3 Poned en común las respuestas y redactad un borrador de la noticia. Podéis seguir el modelo de la noticia de la boda de Drácula.

4 Compartid los borradores. Analizad los textos y corregid los errores. Uno de vosotros se encargará de redactar la versión final.

5 Leed la versión final de vuestra noticia y haced los últimos cambios, si es necesario.

6 Elegid a un miembro del grupo para formar parte del jurado que va a juzgar las diferentes noticias, y a otro, para leer la noticia en voz alta.

7 El jurado va a elegir las mejores noticias según estas categorías:

La más divertida.   La más "loca".   La mejor redactada.

| 5.1. | ¿Qué tipo de errores crees que has cometido al realizar la tarea con tus compañeros?

Tipo de error	¿Cuál ha sido?	¿Hablando o escribiendo?	Forma correcta
Gramatical			
Léxico			
Sociocultural			
Otros			

| 5.2. | ¿Qué método es más eficaz para no repetir errores del mismo tipo según tu opinión? Coméntalo con tus compañeros.

2 ESTO ME SUENA

>| 1 | ¿Conoces alguna emisora de radio de habla hispana? ¿Qué tipo de emisora es (generalista, de música...)? Haced una lista entre todos. Podéis buscar información en Internet.

| 1.1. | [58] Lee las siguientes opiniones de una encuesta sobre la radio. Después, escucha y relaciona cada opinión con el diálogo correspondiente.

Diálogo n.º

a Lo que más le gusta oír son las retransmisiones deportivas y las noticias. ☐

b Le gustan los programas sobre ovnis y experiencias paranormales. ☐

c Dice que no escucha nunca la radio. ☐

d No opina. ☐

e No escucha mucho la radio. Solo cuando va en coche a trabajar. ☐

| **1.2.** | 👤🔊 Escucha de nuevo y anota para qué emisoras trabajan los reporteros. ¿Las conoces?

|58|

	Diálogo 1	Diálogo 2	Diálogo 3	Diálogo 4	Diálogo 5
Emisora					

| **1.3.** | 👤🔊 En esta entrevista de Radio La Mexicana, Miguel cuenta cómo conoció al amor de su vida. Escucha y completa el resumen de su historia con la forma verbal de pasado adecuada.

|59|

En esta entrevista de radio, el locutor entrevista a Miguel, un hombre de 87 años que cuenta cómo conoció al amor de su vida. Cuando [1] (ser) .... joven, un verano [2] (estar) .... en las fiestas de su pueblo aburrido porque la orquesta que [3] (tocar) .... no le [4] (gustar) .... Fue entonces cuando [5] (llegar) .... al baile una chica de la capital y [6] (enamorarse) .... de ella nada más verla. Pero él [7] (emigrar) .... y no [8] (volver) .... a verla hasta hace veinte años, cuando se la [9] (encontrar) .... mientras [10] (estar) .... en la Casa de España. Desde ese momento, no [11] (separarse) .... nunca. ■

| **1.4.** | 👤➕ Miguel ha contado en Radio La Mexicana la anécdota de cómo conoció al amor de su vida. Ahora lee la información y piensa en algún momento especial de tu pasado. Debajo del cuadro tienes algunas sugerencias.

Contar anécdotas

✖ Para **introducir** una anécdota:
- ¿**Sabes** qué me pasó (ayer/el otro día…)?
- ¿**A que no sabes** qué me pasó (ayer/el otro día…)?

✖ Para **mostrar interés**, es normal pedir que alguien continúe el relato con:
- ¿**Y** qué pasó después?
- **Sigue, sigue**…/**Cuenta, cuenta**…
- ¿**Y**…?
- ¿**A quién** llamaste/viste…?

✖ Para expresar **incredulidad** o **sorpresa**:
- ¡Anda ya!
- ¡Increíble!
- ¿Ah, sí?
- ¡No me lo puedo creer!
- ¡Qué me dices!
- ¿Cómo?
- ¿De verdad?

¿Qué te pasó?

✖ El día que terminaste tus estudios.
✖ Cuando empezaste a estudiar español.
✖ La vez que suspendiste un examen.
✖ Cuando aprendiste a conducir.
✖ Esa vez que te tocó un premio.
✖ La primera vez que cocinaste…

 Fíjate

✖ En España, es normal interrumpir el relato de alguien con frases como las que has visto en el cuadro anterior. De este modo, el interlocutor demuestra interés en lo que le están contando. El silencio en estas situaciones indica falta de interés.
¿Cómo funciona la interacción en tu país?
¿Qué valor tiene el silencio en tu cultura?

| **1.5.** |  En grupos de cuatro, cuéntale a tus compañeros la anécdota de la actividad anterior, explicando las circunstancias que rodearon ese momento especial. No olvides reaccionar a lo que te cuentan tus compañeros con las expresiones que has aprendido y las que aparecen a continuación.

- ✗ ¡Qué vergüenza!
- ✗ ¡Eso sí que da miedo!
- ✗ ¡Qué rabia!
- ✗ ¡Qué suerte tuviste!
- ✗ ¡Qué gracia!

- ✗ ¡Vaya situación!
- ✗ ¡No es posible!
- ✗ ¡Debió de ser horrible!
- ✗ ¡Debió de ser impresionante!

Intercultura

> | **2** | El bolero volvió a unir las vidas de Miguel y María. ¿Conoces este género musical? ¿En qué país tiene su origen? ¿Qué tipo de música es la más popular en tu país? ¿Cuál es el baile típico? ¿Hay algún cantante internacionalmente famoso? Coméntalo con tus compañeros.

Sensaciones

> | **3** | ¿Sabes cuál es el poder de la música? La música activa los mecanismos neuronales, modifica el estado de ánimo y puede curar algunos males. ¿Cómo te sientes emocionalmente cuando escuchas esta clase de música? Coméntalo con tus compañeros de grupo.

🎵 → rock • pop • clásica • heavy • rap • romántica • metálica • reguetón

🙂 → relajado/a • excitado/a • alegre • entusiasmado/a • orgulloso/a • inspirado/a • atento/a • activo/a

🙁 → estresado/a • trastornado/a • asustado/a • irritado/a • avergonzado/a • nervioso/a • agitado/a

| **3.1.** | ¿Qué tipo de música elegirías para compararla con la sensación que tienes al estudiar español? Coméntalo con tus compañeros de grupo.

Grupo cooperativo

> | **4** | Vais a preparar un programa de radio para la escuela. Seguid las pautas.

1 En plenario, elegid entre todos un nombre para la emisora.

2 Formad cuatro equipos. Cada equipo se encargará de una de estas tareas:
redactar las noticias;
seleccionar la música;
escribir las cuñas publicitarias;
preparar el pronóstico del tiempo.

3 Haced una puesta en común de toda la información, decidid el orden de las secciones y redactad entre todos el guion.

4 Nombrad dos locutores, dos técnicos de música, dos locutores para la publicidad y un director que controle el programa. El resto vais a analizar la intervención de vuestros compañeros.

5 Comienza el programa. Si es posible, podéis grabarlo.

6 Analizad las intervenciones y calificad los siguientes aspectos. Justificad vuestra respuesta:

	①	②	③	④	⑤
los locutores (voz, entonación, fluidez…)	①	②	③	④	⑤
la elección de los contenidos	①	②	③	④	⑤
la música	①	②	③	④	⑤
la publicidad	①	②	③	④	⑤

| Cultura |

> | 1 | 🌐 🌍 Fíjate en la persona que aparece a la izquierda de esta foto. Es una persona muy famosa. Con tu compañero, contestad a estas preguntas en la primera columna haciendo hipótesis.

	Imagino	Lo sé
¿Quién es? →		
¿De dónde es? →		
¿Cuántos años tiene? →		
¿Dónde pasó su infancia? →		
¿Fue a la universidad? →		
¿Qué hizo a los 16 años? →		
¿Dónde trabajaba? →		

Expresar probabilidad

✗ Recuerda que para expresar hechos que imaginamos, pero de los que no estamos seguros, podemos utilizar:

- La forma verbal de **futuro** (para preguntas hechas en presente):
  - ● *¿Cuándo llega Manuel?*
  - ○ *No lo sé, **vendrá** sobre las 8 más o menos.*
- La forma verbal del **condicional** (para preguntas hechas en pasado):
  - ● *¿Por qué no vino ayer el profesor?*
  - ○ *No lo dijo, pero **estaría** enfermo, tenía mala cara.*
- La estructura *a lo mejor* + indicativo:
  - – ***A lo mejor** viene mañana, depende del trabajo.*
  - ● *¿Por qué no vino Juan?*
  - ○ ***A lo mejor** tenía médico.*

| 1.1. | 🌐 📖 Leed esta biografía sobre el personaje y responded ahora en la segunda columna.

Nació en 1949 en Ciudad Real (España). Estudió bachillerato en una institución religiosa. A los dieciséis años se instaló en Madrid, solo, sin familia y sin dinero, pero con un proyecto muy concreto: estudiar y hacer cine. A finales de los sesenta, Madrid era, para un adolescente de pueblo, la ciudad de la cultura y la libertad. Realizó muchos trabajos, uno de ellos en la Compañía Telefónica Nacional de España, donde trabajó doce años como auxiliar administrativo. Durante estos años se produjo su verdadera formación. Por la mañana, estaba en contacto con la clase media española en el inicio de la época del consumo, y conoció sus dramas y problemas. Por la noche escribía, hacía teatro con el grupo *Los Goliardos* y rodaba películas en súper 8. Colaboró con diversas revistas *underground* y escribió relatos, algunos de los cuales se publicaron. Fue miembro de un grupo punk-rock paródico, *Almodóvar y Mcnamara*.
En 1980 estrenó su primera película: *Pepi, Luci, Bom y otras chicas del montón*. A partir de ese momento sus películas se estrenaron en los cines de todo el mundo. Es uno de los directores más taquilleros del cine español y su trabajo en *Todo sobre mi madre* le proporcionó su primer Oscar en el año 2000. Es nuestro director de cine más internacional, Pedro Almodóvar. ■

Adaptado de http://www.almodovarlandia.com/espanyol/biography.htm

| 1.2. | 👥 🌍 ¿Te imaginabas así a este personaje? ¿Qué opinas de él? Coméntalo con tus compañeros.

> | **2** | A continuación, tienes las fotos de tres cantantes hispanos de fama internacional. Lee estas breves biografías y di a quién pertenece cada una. Hay un texto que no corresponde a ningún personaje. ¿Cuál es? ¿Sabes a quién se refiere?

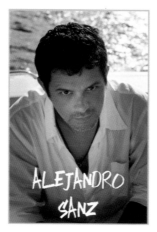  

1 Cantante y productor musical, es uno de los artistas más solicitados para colaboraciones con diversos cantantes (Christina Aguilera, Shakira, Jennifer López, Marc Anthony, Enrique Iglesias…).

2 Cantautora, productora discográfica, bailarina, modelo, diseñadora de moda, empresaria, actriz de televisión, música, filántropa y embajadora de buena voluntad de UNICEF. Es una de las artistas femeninas internacionales con más ventas en España. Ha sido ganadora de varios premios Grammy. Actualmente vive en España.

3 Es un cantautor y músico español. Ha vendido más de 25 millones de copias de sus discos en todo el mundo y ha ganado numerosos premios Grammy. Asimismo, ha realizado colaboraciones con diversos artistas.

4 Compositora, cantante, música, activista y productora. En su carrera musical ha logrado situarse como una de las cantautoras latinas más reconocidas a nivel mundial.

| **2.1.** | Dividid la clase en tres grupos y poneos de acuerdo para trabajar con uno de estos personajes. Escribid un pequeño texto haciendo hipótesis sobre su edad, sus orígenes, su adolescencia, su vida personal y familiar, etc.

— *Pues creemos que Alejandro Sanz tendrá alrededor de 30 años y que…*
— *Nosotros pensamos que Julieta Venegas sería una adolescente muy rebelde porque…*
— *Pues Pitbull a lo mejor es soltero pero tendrá novia…*

| **2.2.** | Ahora, pasad vuestro escrito a otro grupo. Buscad información en Internet para confirmar o no las hipótesis de vuestros compañeros. ¿Qué grupo se ha acercado más a la realidad?

| **2.3.** | ¿Conocéis a estos cantantes? ¿Habéis escuchado sus canciones? Hablad con vuestros compañeros y explicadles cuáles son vuestros cantantes favoritos, lo que sabéis de ellos, por qué os gusta su música y cuándo la escucháis.

>| 1 | Lee atentamente el siguiente texto. ¿Te resulta fácil entenderlo? ¿Por qué?

La Villa de Bilbao cuenta con unos 7 metros cuadrados de espacios verdes por habitante en ellos, según han destacado recientes estudios de calidad realizados a nivel nacional, destaca la calidad de los espacios deportivos y su buena conservación, así como el "óptimo estado de limpieza" de todos ellos los jardines de Bilbao aparecen reflejados como los mejor equipados de todas las ciudades nacionales analizadas en el estudio

Con casi 100 años de historia, el principal parque de la Villa, el Parque de Doña Casilda es una obra de estilo romántico que cuenta con 85 200 metros cuadrados de extensión tiene un precioso estanque con patos, una imagen imborrable en la memoria de todo bilbaíno cuenta también con un tiovivo de estilo clásico, dos canchas de baloncesto, una fuente, un escenario para actuaciones (La Pérgola) y la cafetería del Museo de Bellas Artes entre las esculturas que rodean al parque destaca una del escultor vasco Eduardo Chillida ■

| 1.1. | Lee la información y, después, completa con tu compañero el texto anterior con los puntos que le faltan.

El uso del punto

- ✗ Se escribe punto para marcar el final de un enunciado. Hay tres tipos de punto:
  - El **punto y seguido**, que separa oraciones dentro del mismo párrafo.
  - El **punto y aparte**, que separa párrafos en un mismo texto.
  - El **punto final**, que señala el cierre de un texto.
- ✗ Después de punto se escribe siempre con mayúscula.

>| 2 | Escribe una lista de lo que llevas en la mochila. ¿Qué signo de puntuación has utilizado?

El uso de la coma

- ✗ La coma es una pausa en el interior de un enunciado. Se usa la coma:
- Para **las enumeraciones** cuando no están separadas por *y, ni, o*:
  - *Un cuaderno, una mesa, una silla y una pizarra.*
- Detrás de conectores como *por último, es decir, por tanto, sin embargo, además...*
- Delante de conectores como *pero, sino, ya que, de manera que...*

>| 3 | A continuación, tenéis unas frases en las que, según la puntuación, varía su significado. Puntuadlas de dos formas diferentes y explicad su significado.

Ejemplos: - *No es verdad.* ➔ significa *es falso.*

- *No, es verdad.* ➔ significa *es verdadero.*

1 Vamos a comer niños. ➔ significa ....

Vamos a comer niños. ➔ significa ....

2 El profesor dice David es un ignorante. ➔ significa ....

El profesor dice David es un ignorante. ➔ significa ....

3 ¡No tenga piedad! → significa ....

¡No tenga piedad! → significa ....

4 No sé bailar bien lo sabes. → significa ....

No sé bailar bien lo sabes. → significa ....

>| **4** | 🎧 🔊 Escucha con atención este texto sobre la baraja española y puntúalo (con el punto y la coma),
|601| haciendo los cambios ortográficos necesarios. Presta atención a las pausas de la audición.

La baraja española

La baraja española aparece durante el siglo XIV está compuesta de cuatro palos: oros copas espadas y bastos cada palo consta de 12 cartas: as dos tres cuatro cinco seis siete ocho nueve sota caballo y rey en total son 48 naipes en esta baraja lo más curioso es que no existe la dama o reina sino que se utiliza un paje que se llama *sota* el rey además nunca aparece sentado

en España los juegos con naipes son múltiples y variados podemos destacar tres: el tute la brisca y el mus parte de su popularidad se debe a que las apuestas no se hacen generalmente con dinero sino que el que pierde paga por ejemplo los cafés que se toman durante la partida otros juegos muy populares son las siete y media y el cinquillo muy habituales en las reuniones familiares cada palo tiene además un significado simbólico: las espadas indican conflictos las copas representan las emociones los oros representan el mundo material y los bastos son símbolo de la espiritualidad

¿Qué he aprendido?

1 Escribe el nombre de tres periódicos digitales y tres emisoras de radio del mundo hispano.

....

....

2 Completa esta definición sobre los usos de pretérito que has aprendido en esta unidad.

Para contar acontecimientos usamos el [_____] y para explicar las circunstancias en las que se producen los acontecimientos utilizamos el [_____].

3 Escribe las preguntas que debes hacer para conocer los hechos, el sujeto, el modo, el lugar, el tiempo y la causa de una noticia.

....

....

4 Escribe alguna anécdota que te ha sucedido desde que empezaste a estudiar español.

....

....

....

5 En esta unidad has reflexionado sobre tu forma de leer los textos y sobre los errores. ¿Crees que este tipo de actividades te ayudan a aprender español de manera más eficaz? ¿Por qué?

....

....

....

Contenidos funcionales
- Pedir y conceder permiso.
- Dar órdenes.
- Dar consejos.
- Persuadir.

Contenidos gramaticales
- Imperativo afirmativo y negativo.
- Los pronombres de objeto directo y objeto indirecto.
- Combinación de pronombres objeto.

Tipos de texto y léxico
- Léxico de las tareas domésticas.
- Texto informativo.
- Texto publicitario.
- El lenguaje de los SMS.
- El lenguaje de la publicidad.

El componente estratégico
- Estrategias para la deducción del léxico a través de imágenes.
- Mecanismos para la restricción de un permiso.
- Reflexión sobre la aplicación de estrategias para escribir un texto.

Contenidos culturales
- El reparto de las tareas domésticas en España.
- Hábitos para una alimentación saludable.
- Las compras por Internet.

Ortografía/Fonética
- Los signos de interrogación y exclamación.
- Esquema entonativo básico del español.

1 TUS DESEOS SON ÓRDENES

> | 1 |  Interpretad las imágenes para relacionarlas con las preguntas.

1 |____| ¿Podría cerrar este programa?

2 |____| ¿Puedo pasar?

3 |____| ¿Me dejas probarlo?

4 |____| Quiero inscribirme en el curso, ¿es posible?

5 |____| Necesito hacer una llamada, ¿te importa?

6 |____| ¿Le importa si me pruebo una blusa?

| 1.1. | Lee de nuevo las preguntas y completa la información con las formas que se han utilizado para pedir permiso.

Pedir permiso

- **¿Puedo/** [1] ....
- **¿Me permite/s**   + infinitivo?
- **Me deja/s**

- **¿Te/le** [2] .... **si** + presente de indicativo?

- Petición + **¿te/le importa?/** [3] ....

| **1.2.** | 🧑 🌐 Relaciona las preguntas anteriores con estas respuestas. ¿Recuerdas cómo se llama la forma verbal que se ha utilizado para conceder un permiso?

a		Sí, hombre, **coja** mi móvil, no hay problema.
b		Desde luego, **pase** y **siéntese**.
c		Sí, **toma**, **toma**.
d		Vale, **ciérralo** y **abre** Google.
e		Claro que no. **Pruébese esta**, a ver qué tal le queda.
f		Sí, **lea** esta hoja y **rellénela**. **Diga** también qué horario desea.

Conceder permiso

✕ Para conceder permiso puedes utilizar las expresiones:

- *Sí, sí,*
- *Desde luego,*
- *Claro que sí,*
- *Sí, hombre/mujer, sí,*
- *Por supuesto,*
- *Vale,*

+ imperativo

✕ Para conceder permiso de una manera más restringida:

- *Sí, pero*
- *No, (mejor)*

+ imperativo

| **1.3.** | 🧑 🌐 Observa el cuadro sobre la formación del imperativo afirmativo y complétalo con algunos verbos de la actividad anterior.

El imperativo afirmativo

✕ Verbos **regulares**:

	✕ Verbos en –ar ✕	✕ Verbos en –er ✕	✕ Verbos en –ir ✕
	Pas**ar**	Le**er**	Abr**ir**
Tú	pas**a**	le**e**	[3] ....
Usted	[1]	[2]	abr**a**
Vosotros/as	pas**ad**	le**ed**	abr**id**
Ustedes	pas**en**	le**an**	abr**an**

Fíjate

✕ En el imperativo afirmativo los pronombres siempre van después del verbo y forman una sola palabra: *rellénela, siéntese, dímelo…*

✕ Con el pronombre reflexivo *os*, la *–d* desaparece: *(Vosotros) bañados ➜ bañaos.*

✕ Verbos **irregulares**:

- Los verbos con irregularidad vocálica en presente de indicativo mantienen el cambio vocálico en imperativo: *cierra, duerme, pida, juegue, huya…*
- Otros tienen su propia irregularidad. Algunos frecuentes son:

	✕ Ir ✕	✕ Venir ✕	✕ Salir ✕	✕ Tener ✕	✕ Poner ✕	✕ Hacer ✕	✕ Decir ✕
Tú	**ve**	**ven**	**sal**	**ten**	**pon**	**haz**	**di**
Usted	**vaya**	**venga**	**salga**	**tenga**	**ponga**	**haga**	[4] ....
Vosotros/as	id	venid	salid	tened	poned	haced	decid
Ustedes	**vayan**	**vengan**	**salgan**	**tengan**	**pongan**	**hagan**	**digan**

Fíjate

✕ La persona *vosotros/vosotras* no tiene formas irregulares en imperativo afirmativo.

>| 2 | Responde afirmativamente a las siguientes peticiones como en el ejemplo.

1 ¿Nos podrías pasar la sal, por favor?........ *Sí, claro, toma. Aquí la tienes.*..................

2 Profesor, ¿puedo salir un momento?...

3 ¿Podría decirme el teléfono del señor Romero?.............................

4 Tengo que salir de la reunión, ¿le importa?...............................

5 ¿Me ayudaría usted a subir esta mesa?....................................

6 ¿Podrías llevarnos en tu coche a la estación?.............................

7 ¿Me permite coger su paraguas?...

8 Papá, ¿podemos jugar en la calle?.......................................

| 2.1. | Ahora, pide permiso a tu compañero y responde a sus peticiones.

ALUMNO A

1 Estás en casa de un amigo y has visto un libro que te gustaría mucho leer.

2 Has salido con tu compañero y has olvidado en casa tu móvil. Necesitas usar su teléfono para llamar a tus padres.

3 Estás en el metro. Quieres leer el periódico que tiene el viajero de al lado.

4 Estás en casa con tus padres viendo la tele y el volumen está muy bajo.

5 Estás en casa de tu amigo y quieres ver las fotos de su boda.

ALUMNO B

1 Estás en la recepción de tu escuela y quieres dejar tu mochila allí unas horas.

2 Estás en la biblioteca y has olvidado tu diccionario. Pídeselo a tu compañero.

3 Estás en casa de tu amigo. Tiene un iPhone nuevo. Quieres usarlo un momento.

4 Estás en clase. Hace demasiado frío y quieres encender la calefacción.

5 Estás en casa de tu amigo y quieres probar un dulce que ha hecho.

2 - ORGANÍZATE

>| 1 | Observa la imagen que acompaña al texto. ¿Dónde están estas personas? ¿Qué están haciendo? ¿De qué crees que va a tratar el texto? Coméntalo con tus compañeros. Luego, leed el texto para comprobar vuestras hipótesis.

Responsabilidades del hogar

Organizar un hogar y una familia no es tan fácil como se podría creer. Las tareas que se han hecho ya y las que todavía no, y quién hizo qué y quién no, puede ser confuso y frustrante para la persona responsable. Por eso, organízate para distribuir las tareas y que todos los miembros de la casa colaboren cada día.

1. Haz un cuadro de tareas de tres columnas. En la primera, enumera todas las tareas del hogar. Pon, en primer lugar, las que necesitan ser realizadas todos los días, como (1) **pasear al perro** por las mañanas, y, a continuación, las tareas semanales, como (2) **barrer**, por ejemplo.

2. Piensa cuánto tiempo necesita cada tarea y define un tiempo medio para cada una, escribiéndolo al lado, en la segunda columna. Esto ayudará a distribuir las tareas de forma justa.

CONTINÚA »

3. Escribe en la tercera columna los nombres o iniciales de las personas de la casa que crees que pueden hacer cada tarea. Asigna tareas de acuerdo con la edad, para que no sean demasiado difíciles para la persona que las realizará. Considera también otros factores. Por ejemplo, si una persona se va temprano a la escuela por la mañana, probablemente no podrá (3) **fregar los platos** del desayuno.

4. Asigna a cada persona una o dos tareas diarias y una o dos semanales. Por ejemplo, una persona puede ser responsable de (4) **poner el lavavajillas** y (5) **pasar la aspiradora**, mientras que otra persona es responsable de (6) **limpiar el polvo** y (7) **tender la ropa**.

5. Planifica un horario rotativo y así nadie tendrá siempre los peores trabajos, como (8) **limpiar el baño** o (9) **planchar**.

Texto adaptado de: http://www.ehowenespanol.com/distribuir-tareas-del-hogar-semana-como_206328/

| **1.1.** | Lee de nuevo el texto y relaciona las imágenes con las expresiones en negrita.

| **1.2.** | Ahora, contestad verdadero o falso y justificad vuestras respuestas con el texto.

		Verdadero	Falso
1	La organización de las tareas en un hogar es una labor complicada.	V	F
2	Es necesario organizarse por horas.	V	F
3	Hay que separar las tareas diarias de las semanales.	V	F
4	La distribución de las tareas se hace en función del tiempo en que se tarde.	V	F
5	Cada tarea se asigna a cada miembro por sorteo.	V	F
6	La organización de las tareas debe ser siempre la misma.	V	F

> | **2** | Aquí te presentamos una lista con las tareas de la casa. Selecciona las cinco que crees que no le gustan a tu compañero. ¿Has acertado?

- fregar los platos/el suelo
- planchar
- tender la ropa
- limpiar el polvo/los cristales/el baño
- poner/quitar la mesa
- hacer la cama
- ordenar/recoger
- poner la lavadora/el lavavajillas
- pasar la aspiradora
- sacar la basura
- ir a la compra
- cocinar

| 2.1. | | 61 | Javier va a compartir piso con otros estudiantes y habla con Ana y David, sus nuevos compañeros, sobre las normas de convivencia. ¿Qué uso tiene aquí el imperativo? Selecciona la opción correcta.

1 ☐ Dar información.

2 ☐ Dar órdenes.

3 ☐ Expresar indignación.

| **Intercultura** |

| 2.2. | ¿Crees que las tareas de la casa se comparten entre hombres y mujeres en los hogares hispanos? ¿Cómo es en tu país? Lee esta noticia y habla con tus compañeros.

España suspende en el reparto de tareas domésticas

Un estudio elaborado por Parship.es señala que solo el 17% de los encuestados afirma compartir el trabajo doméstico con su pareja, con la responsabilidad dividida al 50% entre ambos.

Adaptado de http://www.mujerhoy.com

| **Grupo cooperativo** |

> | 3 | Imagínate que vas a compartir piso con varios de tus compañeros. Sigue las pautas.

1 Dividid la clase en varios grupos, que se encargarán de diseñar una tabla de organización de las tareas del hogar.

2 Decidid entre todos los miembros del grupo qué tareas de la casa debéis realizar para mantener vuestro piso limpio y organizado.

3 Realizad una tabla en tres columnas como la que se explica en el texto de la actividad 1.

4 Distribuid las tareas según el tiempo, la disponibilidad de cada miembro del grupo y sus gustos.

5 Presentad a la clase vuestro resultado y explicad por qué habéis llegado a esa organización.

> | 4 | Hoy Javier ha recibido varios mensajes de móvil. En ellos aparecen imperativos, tanto en su forma afirmativa como negativa. Clasificadlos en las tablas de la página siguiente.

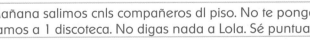

No saques la ropa d la lavadora. Echa l suavizante. Ah, acuérdate d q mañana es el cumpleaños d Lola. No lleves nada pra la cena.

l sábado viene mi madre. No quedes cn nadie n l piso, porfa. Si vnes a casa, pásate x la frutería. No vayas a la panadería, ya he comprado l pan.

Espérame n l puerta d la escuela. No te vayas. Te llevo ls apuntes.

Hl, q tl. Ayer no t llamé. Lo siento. No te enfades conmigo. No olvides escribirme.

Mañana salimos cnls compañeros dl piso. No te pongas traje, vamos a 1 discoteca. No digas nada a Lola. Sé puntual.

CONTINÚA »

Fíjate

> ✖ Los mensajes cortos de los móviles e Internet han creado un nuevo tipo de lenguaje escrito con abreviaturas y acortamientos de palabras: x → por, d → de, q → que...

Imperativos afirmativos

Imperativos negativos

El imperativo negativo

✖ Puedes formar el imperativo negativo con la forma del imperativo afirmativo de *usted* (*usted tome*) y añadir **–s** para *tú* (*no tomes*), e **–is** para *vosotros/as* (*no toméis*):

	✖ Verbos en **–ar** ✖	✖ Verbos en **–er** ✖	✖ Verbos en **–ir** ✖
	Pas**ar**	Le**er**	Abr**ir**
Tú	no pas**es**	no le**as**	no abr**as**
Usted	no pas**e**	no le**a**	no abr**a**
Vosotros/as	no pas**éis**	no le**áis**	no abr**áis**
Ustedes	no pas**en**	no le**an**	no abr**an**

✖ Se mantienen las mismas irregularidades que en el imperativo afirmativo de la persona *usted*: *no c**ie**rres, no d**ue**rmas, no pidas, no j**ue**gues, no h**u**yas, no **pon**gas, no **sal**gas...*

Fíjate

> ✖ En el imperativo negativo los pronombres siempre se ponen delante del verbo: *No **lo** abras, No **os** sentéis...*

>| **5** | Ana siempre reacciona negativamente a todo lo que dice Javier. ¿Cuáles crees que son las respuestas de Ana?

No, no la cierres. Tengo mucho calor.

1 ¿Cierro la ventana? *No, no la cierres. Tengo mucho calor.* ....

2 ¿Voy con Paco al supermercado? ....

3 ¿Te despierto pronto mañana por la mañana? ....

4 ¿Paso la aspiradora por la tarde? ....

5 ¿Friego estos platos? ....

6 ¿Hago la cena esta noche? ....

Recuerda

✖ Los pronombres personales de **objeto directo** son *me, te, lo/la, nos, os, los/las*:
    ○ ¿Abro el libro y leo las soluciones?
    ● No, no **lo** abras./Sí, ábre**lo** y lée**las**.

✖ Los pronombres personales de **objeto indirecto** son: *me, te, le, nos, os, les*:
    ○ ¿Explico a Juan la lección?
    ● No, no **le** expliques la lección./Sí, explíca**le** todo.

✖ Los pronombres reflexivos son: *me, te, se, nos, os, se*:
    – No **te** acuestes tarde.
    – Relája**se** y díga**me**, ¿qué le ha pasado?

Ana ha participado en un programa de radio para hablar de las cosas que ella tiene en cuenta a la hora de organizar las tareas domésticas. Escucha y organiza las ideas según su orden de aparición.

Se refiere a:
....
....
....
....
....
....
....
....

☐ Prepárate**la** el día anterior.

☐ No **la** guardes en los armarios sin doblar**la**.

☐ No salgas de casa sin hacer**la**.

☐ No **te** olvides y pasa un trapo todos los días.

☐ No **las** acumules.

☐ No **la** dejes más de un día. Tíra**la** diariamente.

☐ No **la** dejes puesta después de comer.

☐ No **te** acuestes sin recoger**la**.

| **6.1.** | 😊🔊
|62| Escucha de nuevo y di a qué se refieren los pronombres que aparecen destacados. Escríbelo en la columna derecha de la tabla anterior.

| **6.2.** | 😊⚙️ Lee la siguiente explicación, observa los ejemplos y completa la información.

Combinación de pronombres

✗ Cuando combinamos los pronombres personales de objeto directo e indirecto el orden correcto es **indirecto-directo**:

● ¿_Te_ llevo **el café**?
○ Sí, tráe_me_**lo**./No, no _me_ **lo** traigas.

● ¿_Os_ corrijo **los ejercicios**?
○ Sí, corríge_nos_**los**./No, no **nos** **los** corrijas.

✗ Cuando el objeto directo y el indirecto son de tercera persona, el pronombre **le/les** cambia a **se**:

● ¿Has mandado **el correo** _a José_?
○ No, _se_ **lo** mando luego.

● ¿Le digo _a Juan_ **la verdad**?
○ Sí, dí_se_**la**.

> **Recuerda**
>
> Le/les + lo/la/los/las ➡ se + lo/la/los/las

✗ Los pronombres siempre van **delante** ☐ / **detrás** ☐ del verbo, excepto cuando usamos infinitivo, gerundio e imperativo afirmativo:

● ¿Le doy la comida a la niña?
○ No, **se la** doy yo, gracias.
○ No, voy a dár**sela** yo.
○ Ya estoy dándo**sela** yo.
○ Sí, dá**sela**, por favor.

> | **7** | 😊🐦 Vas a invitar a dos amigos una semana a tu casa. Escribe un texto donde les expliques las normas de la casa, especialmente lo que deben y no deben hacer o traer.

 # ACONSÉJAME

>| 1 | Observad los siguientes anuncios y contestad:

- ✗ ¿De qué temas tratan?
- ✗ ¿A quién creéis que van dirigidos?
- ✗ ¿Cuál es el mensaje que transmiten?
- ✗ ¿Os parecen originales?

MUEVE TU CUERPO
ABRE TU MENTE

El ejercicio físico regular es importante para la salud física y mental de todas las personas, incluidas las mayores.

SALUD Y DEPORTE

Tengo algo para ti. **NO.** Venga, hombre. **NO.** Prueba un poco. **NO.** Te gustará. **NO.** Vamos, tío. **NO.** ¿Por qué? **NO.** Vas a alucinar. **NO.** No te cortes. **NO.** ¿Tienes miedo? **NO.** No seas gallina. **NO.** Solo una vez. **NO.** Te sentará bien. **NO.** Venga, vamos. **NO.** Tienes que probar. **NO.** Hazlo ahora. **NO.** No pasa nada. **NO.** Si lo estás deseando. **NO.** Di que sí. **NO.**

EN EL TEMA DE LA DROGA TÚ TIENES LA ÚLTIMA PALABRA.

FUNDACIÓN DE AYUDA
CONTRA LA DROGADICCIÓN

La publicidad

- ✗ El lenguaje de la publicidad tiene las siguientes características:
  - • La imagen, el color, la forma de las letras... llaman la atención rápidamente.
  - • El texto del eslogan está formado por frases breves y sencillas.
  - • El texto escrito es persuasivo: se utilizan los pronombres de segunda persona, el imperativo, frases hechas y repeticiones.

| 1.1. | Señala las características del lenguaje publicitario que aparece en los anuncios anteriores. ¿Qué forma verbal aparece de nuevo?

Dar consejos y persuadir

- ✗ El imperativo también se usa para dar consejos:
  - – **Haz** deporte todos los días para llevar una vida saludable.

>| 2 | Observad esta imagen. Pertenece a un anuncio de un organismo público español. ¿De qué creéis que trata? ¿A quién va dirigido? De las siguientes frases, ¿cuál es el eslogan del anuncio? Justificad vuestra respuesta.

1 ☐ No comas con prisa. Tómate tu tiempo.

2 ☐ Haz cinco comidas al día, no pases hambre.

3 ☐ ¡Despierta, desayuna!

4 ☐ ¡No les permitas comer entre horas! Lucha contra la obesidad infantil.

| 2.1. | Este es el anuncio completo, ¿habéis acertado con el eslogan real? ¿Por qué creéis que se ha hecho un anuncio como este? ¿Tiene relación con las costumbres y los horarios alimentarios de los españoles? ¿Por qué? ¿Cómo se desayuna en tu país?

| Cultura |

| 2.2. | Lee el texto y comprueba tus respuestas anteriores. ¿Hay alguna información que te sorprenda?

El desayuno en España

Aunque las costumbres van cambiando, todavía se desayuna poco en España. Algunos niños se levantan sobre las ocho de la mañana, toman un vaso de leche y se van al colegio. No volverán a tomar nada en toda la mañana, hasta la una o las dos de la tarde, hora a la que suelen comer. Este es el peor de los casos posibles, pero la situación de la gran mayoría tampoco es mucho mejor: se hace un desayuno incompleto que consiste en tomar un vaso de leche y algún dulce: galletas, bollos, tostada… A veces, durante la pausa de media mañana, algunos toman algún alimento para aguantar hasta la hora de comer.

El resultado es la falta de energía y, en muchos casos, el bajo rendimiento escolar.

Los mayores también hacen lo mismo: toman un café y algo para comer y, a media mañana, toman otro café, a veces con algo para comer.

Las autoridades sanitarias y educativas están haciendo un esfuerzo por concienciar a la población sobre la importancia de hacer un desayuno completo: fruta, leche, cereales, pan… para conseguir que los niños se nutran adecuadamente y su rendimiento escolar mejore. ■

| 2.3. | Lee las recomendaciones que se proponen en esta guía y completa con el imperativo negativo más adecuado según el contexto. En algunos casos puede haber más de una solución.

✗ consumir	✗ engordar	✗ tomar	✗ abusar
✗ esperar	✗ estar	✗ tener	✗ comprar

recomendaciones para una alimentación saludable

1 Planifica una dieta saludable y no .... comida insana.

2 Desayuna cada mañana rico y variado. No .... bollería en casa.

3 Aumenta tu actividad física cotidiana, muévete por lo menos 30 minutos todos los días.

4 Reserva parte de tu tiempo para hacer deporte. No .... mucho tiempo sentado.

5 Ten siempre agua a tu alcance y no .... a sentir sed para beberla.

6 Incorpora frutas y verduras a tu dieta diaria.

7 Toma legumbres regularmente.

8 No ....: la obesidad es enemiga de la salud.

9 No .... suplementos de fibra o alimentos con fibra añadida; consume la que hay en los productos naturales.

10 Consume pescado azul varias veces a la semana.

11 No .... grasas saturadas.

12 Disfruta del sabor natural de los alimentos y no .... de la sal.

| **2.4.** | ¿A cuál de estas decisiones saludables corresponden las recomendaciones anteriores? Relaciona.

12 decisiones saludables

A | *1* | Come sano, es fácil.

B | | Toma frutas y verduras, "cinco al día".

C | | Quítate la sed con agua.

D | | Deja la sal en el salero.

E | | Vive activo, muévete.

F | | Consume más pescado azul.

G | | Despierta, desayuna.

H | | Elige alimentos con fibra.

I | | Come "de cuchara".

J | | Mantén el peso adecuado.

K | | Haz deporte, diviértete.

L | | Reduce las grasas saturadas.

Adaptado de http://www.naos.aesan.msc.es/naos/ficheros/investigacion/Come_sano_y_muevete.pdf

| Intercultura |

| **2.5.** | En grupos, habla con tus compañeros para conocer los hábitos saludables que siguen en sus países.

| **2.6.** | El Ministerio de Sanidad te ha encargado realizar una campaña publicitaria. Con tu compañero, vais a diseñar el cartel publicitario junto con las recomendaciones para uno de los temas que aparecen a continuación. Recordad las características del lenguaje publicitario.

✕ Cuidar tu salud.

✕ Dormir bien.

✕ No tener estrés.

✕ Otro . . . .

> | **3** | Observad esta otra publicidad. ¿Cuál es su objetivo? ¿Estáis de acuerdo con su eslogan? ¿Soléis hacer compras por Internet?

ebaY

COMPRA POR INTERNET
La forma más segura

| **3.1.** | ¿Para qué utilizáis Internet? Haced una lista entre toda la clase de los servicios de Internet que utilizáis y escribidla en la pizarra.

| **3.2.** | Escucha el texto y escribe los argumentos a favor o en contra de las compras por
|63| Internet que aparecen.

A favor

En contra

| **3.3.** | Entre todos los miembros del grupo, añadid a las tablas anteriores otros argumentos a favor y en contra de las compras por Internet. Después, escribid un texto con vuestra opinión.

| **3.4.** | En la actividad anterior habéis escrito un texto de opinión. Leed las siguientes afirmaciones y marcad las estrategias que habéis utilizado.

1 ☐ Hemos buscado las ideas que queríamos tratar y las hemos anotado en un borrador.

2 ☐ Hemos organizado las ideas según un orden: introducción, desarrollo y conclusión.

3 ☐ Hemos decidido qué estilo íbamos a utilizar: formal o informal.

4 ☐ Hemos revisado el borrador y hemos hecho las correcciones oportunas.

5 ☐ Antes de redactar cada uno de los puntos del esquema, hemos tomado notas de lo que queríamos escribir.

6 ☐ Después de redactar el texto, hemos revisado la puntuación, la ortografía y la gramática.

| **3.5.** | Habla con tu compañero y dad algún consejo para hacer una compra segura de estos servicios.

✖ Hacer una reserva de hotel.

✖ Comprar una entrada para un concierto.

✖ Comprar un billete de tren.

✖ Alquilar un coche.

> **Sensaciones**

| **3.6.** | Habla con tu compañero sobre tu experiencia con el español, y entre los dos, elaborad un eslogan que anime a estudiar esta lengua.

4 ▸ LOS SIGNOS DE INTERROGACIÓN Y EXCLAMACIÓN. LA ENTONACIÓN

> | **1** | Lee atentamente la información del siguiente cuadro y compárala con lo que sucede en tu lengua, ¿existen estos signos de puntuación? ¿En qué se diferencian con el español?

Los signos de interrogación y exclamación

✖ Los signos de interrogación y exclamación se usan para representar en la escritura enunciados interrogativos y exclamativos directos:

   – *¿Comisteis ayer en casa?*   – *¿Dónde has comprado ese traje?*

   – *¡Eso es una injusticia!*   – *¡Qué magnífica pintura!*

✖ Como puedes observar, en español, tanto los signos de interrogación como los de exclamación son dos: de apertura (¿ ¡) y de cierre (? !), y se colocan al principio y al final de cada enunciado.

Es obligatorio poner los dos signos y nunca se escribe punto después de ellos:

           ~~¿Comisteis ayer en casa?.~~ ➜ *¿Comisteis ayer en casa?*

           ~~¡Eso es una injusticia!.~~ ➜ *¡Eso es una injusticia!*

> | 2 | A continuación tienes el esquema entonativo básico del español. Escucha atentamente la siguiente audición y repite.

Esquema entonativo básico del español

✗ Frases afirmativas:

Viene.

✗ Frases interrogativas:

¿Viene? (total) *¿Cuándo viene?* (parcial)

✗ Frases exclamativas:

¡Viene!

> | 3 | Vas a escuchar un diálogo en una verdulería. Presta atención a la entonación y escribe los signos de interrogación y exclamación que faltan.

- ● Hola, buenos días.
- ○ Buenos días.
- ● Qué desea.
- ○ Tiene pimientos.
- ● Sí. Tenemos pimientos rojos y verdes.
- ○ Cuánto cuesta el kilo.
- ● Los pimientos rojos están a dos cincuenta euros el kilo y los verdes, a dos euros.
- ○ Qué caros los pimientos rojos. Póngame mejor medio kilo de pimientos verdes, por favor.

- ● Aquí tiene. Desea algo más.
- ○ No, nada más. Cuánto es.
- ● Es un euro con veinticinco, por favor.
- ○ Aquí tiene. Gracias.
- ● A usted.

Fíjate

✗ Las partículas interrogativas *qué*, *dónde*, *cuándo*, *cómo*... se acentúan en las preguntas y exclamaciones.

¿Qué he aprendido?

1 ¿Hay en tu lengua alguna forma similar al imperativo? ¿Tiene las mismas funciones que en español?

....
....

2 Escribe todos los usos del imperativo que has visto en esta unidad y pon un ejemplo.

....
....

3 Responde afirmativa o negativamente a estas preguntas, usando el imperativo y los pronombres correspondientes.

- ¿Pongo la mesa? .... *Sí, ponla./No, no la pongas todavía.* ....
- ¿Les digo a los niños la verdad? ....
- ¿Les damos el libro a los alumnos? ....
- Perdone, señor, ¿le servimos ya la comida? ....
- ¿Fregamos los platos? ....

4 Escribe tres consejos saludables.

....
....
....

5 Escribe tres consejos para aprender español de manera eficaz.

....
....
....

Contenidos funcionales

- Hablar de aspiraciones y deseos.
- Pedir, ofrecer y conceder ayuda.
- Expresar conocimiento y desconocimiento.
- Preguntar por la habilidad para hacer algo.

Contenidos gramaticales

- Presente de subjuntivo regular y algunos irregulares.
- Usos del subjuntivo: expresar deseos.
- Pronombres como término de preposición.
- Perífrasis verbales de infinitivo: *ir a*, *volver a*, *acabar de*, *empezar a*, *tener que*.

Tipos de texto y léxico

- Texto informativo.
- Foro.
- Entrevista.
- Léxico relacionado con la solidaridad y las ONG.
- Léxico relacionado con los deportes.
- Léxico relacionado con la alimentación.
- Contraste *saber/conocer*.

El componente estratégico

- Estrategias para el aprendizaje deductivo: estudio de formas, tiempo y modo verbales mediante la comparación.
- Asociar palabras en esquemas léxicos.
- Las palabras clave y el uso de conectores como estrategias para ordenar una entrevista y optimizar la comprensión.

Contenidos culturales

- La selección española de fútbol: *La Roja* y *La Rojita*.
- Fundación Dame Vida.
- Deportistas Solidarios en Red.
- Alimentación y deporte.
- Natación sincronizada: Marga Crespí.

Ortografía/Fonética

- La sílaba y la acentuación.

1 ¡VAMOS A POR TODAS!

> | 1 | En las siguientes imágenes aparecen tres deportes. Completad el esquema léxico con las palabras que aparecen a continuación, relacionándolas con su deporte correspondiente.

- ✕ falta personal
- ✕ raqueta
- ✕ cancha
- ✕ rebote
- ✕ penalti
- ✕ red
- ✕ portería
- ✕ pista
- ✕ saque
- ✕ campo
- ✕ canasta
- ✕ delantero

Baloncesto

Fútbol

Tenis

| 1.1. | Pensad en otros tres deportes y en cuatro palabras relacionadas con ellos (doce palabras en total), como en la actividad anterior. Podéis usar el diccionario. Pasad vuestra actividad a la pareja de al lado. ¿Quién ha podido colocar las palabras correctamente? ¿Quién lo ha hecho más rápido?

 Fíjate

✕ Si asocias las palabras en esquemas léxicos podrás recordarlas más fácilmente.

> **2**  Fijaos en este equipo de fútbol. Todo el mundo lo conoce por el nombre de *La Rojita*, ¿sabéis por qué?

| **2.1.** | Lee el texto y comprueba tus hipótesis.

La selección de fútbol de España es el equipo formado por jugadores de nacionalidad española que representa a la Real Federación Española de Fútbol desde 1920 en las competiciones oficiales organizadas por la Unión Europea de Asociaciones de Fútbol (UEFA) y la Federación Internacional de Asociaciones de Fútbol (FIFA).

El equipo es conocido familiarmente como *La Furia Española* o *La Furia Roja* debido al color de su equipación, y, en los últimos años, simplemente como *La Roja*, término popularizado por el exseleccionador nacional Luis Aragonés.

En Sudáfrica 2010 consiguió el mayor éxito de su historia al proclamarse campeona del mundo tras vencer por 0-1 a los Países Bajos, convirtiéndose así en el octavo país en conseguir un Mundial y en el primer europeo en lograrlo fuera de su continente.

Los éxitos se producen también en las categorías inferiores. La selección sub-21 logró cuatro campeonatos de la Eurocopa (1986, 1998, 2011 y 2013). Estos éxitos la sitúan como la segunda mejor selección europea de la categoría, después de la italiana. Popularmente, se la conoce con el nombre de *La Rojita* por ser la réplica de *La Roja* en la categoría inferior y haber conseguido tantos éxitos. ■

Adaptado de http://es.wikipedia.org/wiki/Selecci%C3%B3n_de_f%C3%BAtbol_de_Espa%C3%B1a

| **2.2.** | [66] Escucha esta entrevista a Thiago Alcántara, capitán de la selección sub-21 de 2013, antes de celebrarse la Eurocopa en Israel y donde España se proclamó campeona. Completa con las expresiones que faltan.

▻ En el año 2011, se celebró en Dinamarca la Eurocopa sub-21. Durante la final, que ganó España contra Suiza, Thiago Alcántara metió el segundo gol de la victoria y fue elegido como el mejor jugador del partido. Hoy Thiago Alcántara tiene el reto de volver a levantar el trofeo con los sub-21 en Israel, en la final que se celebra contra Italia. Como capitán, ¿qué [1] .... **haga** este equipo? ¿Hasta dónde puede llegar?

● Lógicamente aspiramos a lo máximo, pero es muy difícil. [2] .... **podamos** conseguir el oro con la sub-21 y traerlo aquí a España. Es nuestro reto y lo intentaremos con todas nuestras fuerzas.

▻ El jugador internacional inicia la concentración en la Ciudad del Fútbol con muchas ilusiones, dos años después del último campeonato de Europa, en los que ha crecido como jugador, y se ha convertido en el capitán del equipo de Julen Lopetegui, su entrenador y responsable. Thiago, ¿qué [3] .... conseguir en el futuro?

● Yo [4] .... todo. [5] .... tanto mis compañeros como yo **participemos** en la selección absoluta y **consigamos** títulos por y para España.

▻ Todo el país estará pendiente del debut de Thiago y los suyos el próximo 6 de junio en Jerusalén.

Adaptado de http://www.youtube.com/watch?v=ii3hvy64JVw

| **2.3.** | ¿Qué tienen en común todas las expresiones que has anotado? Marca la opción correcta.

Estas expresiones sirven para:

1 ☐ expresar una queja o una reclamación.

2 ☐ expresar aspiraciones y deseos.

3 ☐ expresar una condición difícil de realizar.

4 ☐ dar órdenes e instrucciones.

| 2.4. | Lee la información y comprueba tu respuesta.

Expresar aspiraciones y deseos

✗ Aspiraciones y deseos referidos al propio sujeto:

- **Querer/Desear/Esperar** + infinitivo:
  - **Queremos ser** campeones del mundo.
  - ¿**Deseas llegar** a la final?
  - **Esperamos subir** al podio.

- **Aspirar a** + infinitivo:
  - **Aspiro a** clasificarme para las olimpiadas.

✗ Aspiraciones y deseos referidos a otra u otras personas diferentes del sujeto:

- **Querer/Desear/Esperar** + **que** + presente de subjuntivo:
  - **Queremos que seáis** campeones del mundo.
  - ¿**Deseas que** tu equipo **llegue** a la final?
  - **Espero que subáis** al podio.

- **Aspirar a** + **que** + presente de subjuntivo:
  - **Aspiro a que** los atletas de mi país **se clasifiquen** para las olimpiadas.

>| 3 | Como veis, para expresar deseos es necesario utilizar el subjuntivo en algunos casos. Leed la información y completad los cuadros.

> ✗ corras   ✗ participemos   ✗ resista   ✗ corran   ✗ participéis   ✗ resistas

El presente de subjuntivo: verbos regulares

✗ El subjuntivo es un modo verbal que se utiliza en español para expresar deseos, sentimientos o finalidad, entre otros usos que aprenderás más adelante. Los verbos regulares tienen las siguientes terminaciones:

	✗ Verbos en –**ar** ✗	✗ Verbos en –**er** ✗	✗ Verbos en –**ir** ✗
	Particip**ar**	Corr**er**	Resist**ir**
Yo	particip**e**	corr**a**	[5] ....
Tú	particip**es**	[3]	[6] ....
Él/ella/usted	particip**e**	corr**a**	resist**a**
Nosotros/as	[1]	corr**amos**	resist**amos**
Vosotros/as	[2]	corr**áis**	resist**áis**
Ellos/ellas/ustedes	particip**en**	[4]	resist**an**

Fíjate

✗ Las terminaciones de los verbos en –er, –ir son [1] **iguales** ☐ / **diferentes** ☐.

✗ En todas las conjugaciones, la primera y tercera persona del singular son [2] **iguales** ☐ / **diferentes** ☐.

✗ El presente de subjuntivo tiene valor temporal de presente y futuro.

| 3.1. | Completa las siguientes oraciones con la forma correcta del presente de subjuntivo.

1 Quiero que (montar, tú) .... en bicicleta todos los días. Así podrás adelgazar sin dejar de comer.

2 Os deseamos que (correr, vosotros) .... la maratón y la (ganar) ....

3 El profesor de pádel desea que los niños (resistir) .... dos horas seguidas jugando, pero es muy cansado y yo no quiero que (entrenar) .... tanto.

4 Aspiran a que su hijo (ganar) .... la carrera y a que (participar) .... en las olimpiadas.

| **3.2.** |  Comparad estos verbos irregulares en presente de indicativo y subjuntivo. El profesor os dará una ficha. Seguid sus instrucciones.

Presente de subjuntivo: algunos verbos irregulares

✕ Infinitivo ✕	✕ Presente de indicativo ✕	✕ Presente de subjuntivo ✕
pensar	**pie**nso	**pie**nse
poder	**pue**do	**pue**da
pedir	pido	pida
tener	**tengo**	**tenga**
hacer	**hago**	**haga**
salir	**salgo**	**salga**
venir	**vengo**	**venga**
conocer	**conozco**	**conozca**

| **3.3.** |  Como veis, el presente de subjuntivo irregular es como el presente de indicativo irregular, con algunos pequeños cambios. ¿Creéis que ha sido útil el trabajo de comparación de los dos modos? ¿Por qué? Justificad vuestra respuesta.

>| **4** | Relaciona.

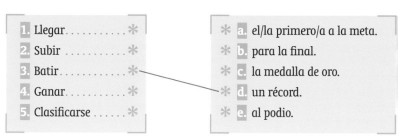

1. Llegar . . . . ✳
2. Subir . . . . ✳
3. Batir . . . . ✳
4. Ganar . . . . ✳
5. Clasificarse . . . . . . ✳

✳ **a.** el/la primero/a a la meta.
✳ **b.** para la final.
✳ **c.** la medalla de oro.
✳ **d.** un récord.
✳ **e.** al podio.

Quiero batir un récord.

Miriam Gómez. Nadadora.

| **4.1.** |  Estos deportistas se han clasificado para participar en las próximas olimpiadas. Observad las imágenes, relacionad las frases anteriores con cada uno de ellos, y completad lo que dicen expresando sus deseos. Ten en cuenta que puede haber más de una solución.

Mateo Ruiz. Atleta.

Fernando López. Ciclista.

Ana María Rodríguez. Karateca.

Luisa Santos. Jugadora de baloncesto.

| **4.2.** | En este foro se ha abierto un hilo en el que varios aficionados responden a los deseos de los deportistas anteriores dándoles ánimos y expresando sus propios deseos. Completad las intervenciones siguiendo el modelo.

○○○   ¡Contamos contigo!

👍 ¡CONTAMOS CONTIGO!   💬

¿Qué les deseas?

Maripepa
¡Ánimo, Miriam! Seguro que lo conseguirás. Te deseo que consigas el récord que esperas y también espero que te subas al podio. ¡Te lo mereces!
Me gusta · Comentar · 1 de julio, 14:35

....
....
....
....

....
....
....
....

....
....
....
....

....
....
....
....

Sensaciones

> | **5** | Y tú, ¿qué deseos tienes para tu futuro en relación con el español? ¿Qué les deseas a tus compañeros? Comentadlo entre todos.

---

② DEPORTE Y SOLIDARIDAD

> | **1** | Observa las imágenes. Son las fotos de una investigadora, un cantante y un futbolista. ¿Qué crees que tienen en común? ¿A qué crees que se dedica la fundación Dame Vida? Habla con tus compañeros.

FUNDACIÓN DAME VIDA

| 1.1. | 🎧🔊 Escucha el texto de la fundación Dame Vida y comprueba tus respuestas anteriores.
| 67 |

| 1.2. | 🎧🔊 Escucha de nuevo y completa estas frases extraídas de la audición.
| 67 |

1 ...., regalando balones que dan luz, envías tres mensajes en uno a esos niños…

2 ¿................. eso te molestó?

3 .... no me molestó en absoluto.

4 Quiero dar las gracias especiamente a Müller, Lahm, David Villa, Reina, Sergio Ramos, Kun Agüero y Pau Gasol pues, además de colaborar, se atrevieron a cantar ....

Pronombres como término de preposición

◦◦◦
◦◦◦◦
◦◦◦◦
◦◦◦

✗ Al lado de las preposiciones, los pronombres de primera y segunda persona del singular cambian:
- *Para/de/a/en…* + **mí**, **ti**, *él, ella, usted, nosotros, nosotras, vosotros, vosotras, ellos, ellas, ustedes.*

✗ Para la preposición *con* existen formas especiales: **conmigo**, **contigo**.

✗ Las preposiciones **según** y **entre** son una excepción:
— **Según tú** *es fácil ser solidario.*　　　　— **Entre tú** *y yo lo conseguiremos.*

>| 2 | 🎧🔊 Escucha el audio, ¿con qué colectivos trabajan las personas que aparecen en él?
| 68 |

☐ medioambiente　　　☐ discapacitados　　　☐ inmigrantes

☐ países subdesarrollados　　　☐ personas sin hogar　　　☐ mujeres y niños

| 2.1. | 🎧⚙️ Lee la transcripción que te dará tu profesor y completa el cuadro.

Pedir, ofrecer y conceder ayuda

✗ Para pedir ayuda:
- ¿**Puedes/Podrías** + infinitivo?
- ¿**Puede**/[1] .... + infinitivo?
- ¿**Te/Le importa/importaría** + infinitivo?
- [2] ..../**podrías/te importaría** + inf.
  — *Perdona, ¿podrías ayudarme?*

✗ Para **justificar** que se pide algo:
- [3] ....+ justificación.

✗ Para **conceder ayuda:**
- [4] ..../**Vale.**
- **Sí, ¿qué necesitas?**
- **Bueno, vale…**

✗ Para **ofrecer ayuda:**
- ¿Te ayudo?
- ¿**Puedo ayudarte?**
- ¿**Necesitas** ayuda/algo?
- ¿**Quieres que te ayude?**

✗ Para **denegar ayuda:**
- [5] .... + **es que** + justificación.

| 2.2. | 👥💬 Practica con tu compañero las formas para pedir, ofrecer y conceder ayuda.

ALUMNO
A

1 Llaman por teléfono. No puedes cogerlo porque tienes la pierna escayolada. Pide ayuda a tu compañero.

2 Estás en el ordenador y no puedes levantarte para ayudar a tu compañero.

3 Llamas por teléfono al ayuntamiento para quejarte por el ruido en tu calle y pedir ayuda.

4 Niega la ayuda a tu compañero. No olvides justificar tu rechazo.

CONTINÚA ⟩⟩

ALUMNO
B

1 Aceptas y ayudas a tu compañero.

2 Pides un vaso de agua a tu compañero.

3 Trabajas en el ayuntamiento y tu labor consiste en ofrecer todo tipo de ayuda a los ciudadanos.

4 Pides ayuda a tu compañero para que te explique el presente de subjuntivo.

Grupo cooperativo

>| 3 | Vamos a participar en una ONG de deportistas solidarios. Seguid las pautas.

1 Dividíos en equipos y consultad la siguiente página web: http://www.deportistassolidarios.org/. Si no tenéis acceso a Internet, vuestro profesor os va a dar una ficha.

2 Cada miembro del equipo recopila información sobre la iniciativa, repartiéndose cada una de las partes de la tarea: qué es, quién colabora, qué pretenden conseguir, qué tipo de acciones proponen.

3 Haced una puesta en común dentro del grupo con toda la información. Uno de vosotros va escribiendo un resumen de los datos.

4 Elegid un deporte entre todos los miembros del equipo y elaborad un reto para la organización Deportistas Solidarios: qué vais a hacer, con qué causa queréis colaborar, cuánto dinero queréis conseguir, etc.

5 Haced una puesta en común de todos los retos. Un miembro de cada equipo explica a los demás en qué consiste el reto de su equipo.

6 Elegid, entre todos, el reto mejor planteado, el que tiene más posibilidades de realizarse con éxito y el que va destinado a una causa más solidaria.

>| 4 | ¿Conocéis otras ONG que realizan proyectos similares? ¿Cuáles son sus objetivos? ¿Habéis participado alguna vez en sus campañas? ¿Os parecen útiles estas iniciativas?

3 — MENS SANA IN CORPORE SANO

>| 1 | Fijaos en las siguientes imágenes, ¿con qué pensáis que están relacionadas? Buscad un título alternativo para el epígrafe, según vuestras conclusiones. Justificad vuestra respuesta.

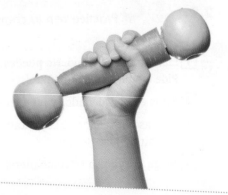

| **1.1.** | Lee este texto, confirma tu respuesta a la actividad anterior y resume cada párrafo en una frase.

¿Sabes por qué tenemos que hacer deporte?

Hacer deporte nos ayuda a mantenernos en forma y nos garantiza un buen tono muscular y el mantenimiento de los huesos. Además es una excelente forma de prevenir enfermedades.

Si al hábito deportivo sumamos una alimentación sana y equilibrada, los resultados son todavía más beneficiosos: se controla el peso y la tensión arterial, se mejora la circulación, se reducen el colesterol, las grasas y los niveles de azúcar en sangre, y se previenen enfermedades como la obesidad, la diabetes...

Asimismo, la combinación deporte y dieta saludable nos ayuda a lograr esa sensación de bienestar tan beneficiosa para nuestra mente, y a eliminar la tensión y el estrés.

¿Conoces los alimentos que no deben faltar en la dieta del deportista?

Cuando realizamos una actividad física extra, hemos de aumentar el consumo de alimentos ricos en hidratos de carbono: cereales, arroz, pan, pastas, patatas, legumbres, frutas...

Cuando practicamos ejercicio, nuestro organismo quema hidratos de carbono y grasas para poder producir la energía necesaria que requiere ese esfuerzo. También es importante mantener una hidratación adecuada. La deshidratación influye negativamente en el rendimiento físico y puede llegar a provocar sensación de mareo.

| **1.2.** | En parejas, y después de leer la información del cuadro, haceos tres preguntas sobre lo que habéis leído en el texto anterior.

¿Sabes que los hidratos de carbono dan energía?

No, no lo sabía.

Expresar conocimiento y desconocimiento

✖ Preguntar por el **conocimiento** de algo:

- **¿Sabes que/si...?**
  - *– ¿Sabes que el agua es buena para la salud?*
  - *– ¿Sabes si hoy hay entrenamiento?*
- **¿Qué sabes de...?**
  - *– ¿Qué sabes de alimentación deportiva?*
- **¿Conoces (a)...?**
  - *– ¿Conoces el estadio del Molinón?*
  - *– ¿Conoces a Casillas personalmente?*

✖ Expresar **conocimiento** o **desconocimiento**:

- Sí, sí, **ya lo sé.**/No, **no lo sé/sabía.**
- Sí, **he oído hablar de eso.**/No, **no he oído nada.**
- Sí, **ya sé que...**/No, **no sabía que...**
- Sí, **lo/la conozco.**/No, **no lo/la conozco.**

| **1.3.** | 👥 🔄 En español los verbos *conocer* y *saber* se usan de diferente manera según el tipo de conocimiento al que nos referimos. Lee el cuadro y, luego, elige la opción adecuada en cada frase.

Los verbos *conocer* y *saber*

✖ **Conocer algo** o **a alguien** significa que hemos tenido alguna **experiencia** directa con la cosa o la persona a la que nos referimos. Se puede conocer un libro, una película, un lugar o a una persona. El uso de la preposición **a** es obligatorio cuando el objeto directo es una persona:
  – *Vamos a nadar. Yo conozco una piscina cubierta muy cerca de aquí.*
  – *¿Conoces **a** Fernando?*

✖ *Saber* tiene dos significados:
  • Se utiliza para hablar de **habilidades**:
    – *¿**Sabes** jugar al tenis?*
  • También se usa para hablar del conocimiento que se tiene de una **información**:
    – *¿**Sabes** que María ha ganado una medalla de plata?*

✖ Algunas veces *saber* y *conocer* se usan indistintamente, son sinónimos:
  • Cuando *conocer* significa **enterarse de un suceso o una noticia**:
    – ***Conozco/Sé** las dificultades de ser deportista.*
  • Para expresar conocimiento sobre una **materia** o **ciencia**:
    – *Ramón **conoce/sabe** su oficio.*

1 Julio no **sabe** ☐ /**conoce** ☐ cuántos años tiene Luisa.

2 ¿**Sabes** ☐ /**Conoces** ☐ a Cristina, la nueva entrenadora?

3 Miguel no **sabe** ☐ /**conoce** ☐ cómo llegar a los vestuarios.

4 Mi hermana **sabe** ☐ /**conoce** ☐ hablar cinco lenguas.

5 Lo siento pero yo no te **sé** ☐ /**conozco** ☐.

6 Y tú, ¿**sabes** ☐ /**conoces** ☐ la nueva piscina para natación sincronizada?

7 ¿Te puedes creer que Raquel no **sabe** ☐ /**conoce** ☐ cómo se llama este jugador?

8 Nadie **sabe** ☐ /**conoce** ☐ todavía al nuevo portero.

9 ¿**Sabes** ☐ /**Conoces** ☐ cuánto gana un jugador de baloncesto?

10 El entrenador **sabe** ☐ /**conoce** ☐ bien su trabajo.

| **1.4.** | 👥 🔄 Comparad vuestras respuestas y, si no coincidís, justificad vuestra elección.

> | **2** | 👥 🔄 En el deporte, igual que en la vida, es importante la alimentación. Clasificad los nutrientes según el grupo de alimentos en los que predominan. Podéis usar el diccionario.

A glúcidos (azúcares)	**1** ☐ Frutas, verduras y bebidas en general.
B proteínas	**2** ☐ Carnes, pescados, soja, huevos y lácteos.
C lípidos (grasas)	**3** ☐ Mantequilla, margarina y aceite.
D carbohidratos	**4** ☐ Azúcar, miel y mermelada.
E agua	**5** ☐ Pan, avena, arroz, pasta y legumbres.
F vitaminas	**6** ☐ Zumos de frutas y verduras.

| **Intercultura** |

| **2.1.** | 👥 💬 En la cocina tradicional de tu país, ¿qué tipo de alimentos son los más habituales? ¿Por qué? Según la tabla anterior, ¿qué nutriente es el más abundante en la dieta de tu país? Explícaselo a tus compañeros y comenta las diferencias.

> 3 | 1691 Lee la información y ordena la entrevista relacionando las preguntas con su respuesta correspondiente. Después, escucha y comprueba.

La natación sincronizada es una disciplina que combina natación, gimnasia y danza. El equipo nacional español de Natación Sincronizada es uno de los equipos del deporte español más galardonados internacionalmente. Hemos entrevistado a una de sus integrantes, Marga Crespí, subcampeona europea, medalla de plata.

1 Hola, Marga. Me gustaría saber cuándo empezaste a practicar la natación sincronizada y si te fue difícil acceder al equipo nacional.

2 Supongo que para dedicarse al deporte de élite, una chica de tu edad tiene que renunciar a algunas cosas, ¿qué fue lo más difícil?

3 ¿Cuántas horas entrena una nadadora de sincronizada? ¿Y cuál es la rutina de los entrenamientos?

4 ¿Cuál ha sido el momento más emocionante como nadadora de sincronizada?

5 ¿Crees que este deporte está poco valorado?

6 Pero tiene poca repercusión en los medios. ¿Por qué crees que ocurre esto?

A Yo, por el momento, no tengo de qué quejarme… Justo **acabo de empezar** a tener resultados y creo que los medios de comunicación, desde el momento en que llegué, se han portado muy bien conmigo.

B Pues creo que lo más difícil fue dejar la vida que tenía con dieciséis años… Todo deporte de élite es sacrificado: siempre dependemos de los entrenamientos… Por ejemplo, ahora, en época de competición, yo no **voy a ver** a mi familia durante meses.

C Porque la natación sincronizada es un deporte minoritario. También porque al año tenemos muy pocas competiciones…

D El más emocionante fue subir al podio de un mundial ganando la medalla de oro, fue una experiencia muy grande.

E En el Centro de Alto Rendimiento entrenamos unas ocho horas al día. Empezamos a las nueve de la mañana, hacemos flexibilidad o gimnasia antes de ir al agua, y por las tardes **volvemos a hacer** agua y practicamos la coreografía.

F ¡Hola! Pues **empecé a practicar** con seis añitos. Entré en el equipo nacional gracias al esfuerzo de mi entrenadora. No es fácil entrar y, además, **tienes que estar** dispuesta a sacrificar muchas cosas por la natación.

| 3.1. | ¿En qué te has fijado para ordenar la entrevista? Ordena la lista de estrategias según las has aplicado.

☐ En la formulación de las preguntas.

☐ En las palabras clave de las respuestas.

☐ En las palabras clave de las preguntas.

☐ En los conectores de las respuestas.

> 4 | Volved a leer las respuestas de la entrevista, fijaos en las palabras marcadas en negrita y completad el cuadro con los ejemplos del texto.

Perífrasis verbal de infinitivo

✕ La perífrasis verbal está formada por dos verbos: uno conjugado (número, persona, tiempo, modo) y otro en infinitivo que aporta el significado principal. Expresan:

* Acción futura: **ir a** + infinitivo .... –
* Repetición: **volver a** + infinitivo .... –
* Fin: **acabar de** + infinitivo .... –
* Comienzo: **empezar a** + infinitivo .... –
* Obligación: **tener que** + infinitivo .... –

| **4.1.** | Haz una entrevista a algunos de tus compañeros de clase y pregúntales por las diferentes actividades que han hecho o van a hacer, utilizando las perífrasis que acabas de estudiar. Escribe la respuesta.

¿Cuándo empezaste a estudiar español?

Empecé a estudiar español el año pasado.

¿Acabas de llegar a España?

1 Ir a . . . .

2 Volver a . . . .

3 Acabar de . . . .

4 Empezar a . . . . *...empezó a estudiar español el año pasado.* . . . .

5 Tener que . . . .

| **4.2.** | Ahora, en grupos de cuatro, poned en común vuestros resultados, comparando las acciones de cada uno. ¿Hay coincidencias?

>| **5** | ¿Haces deporte? ¿Cuidas tu alimentación? Comenta estas cuestiones con tus compañeros.

4 · LA SÍLABA Y LA ACENTUACIÓN

>| **1** | Lee la información y escribe dos ejemplos donde una sílaba cambie el significado de la palabra.

La sílaba

✗ Las palabras están formadas por **sílabas**: *ven–ta–na, me–lo–co–tón,* y estas por, al menos, una vocal: *a–le–mán.* No existen sílabas formadas solo por consonantes.

✗ La mayoría de las sílabas no tienen significado. Por ejemplo, la palabra *casa* tiene dos sílabas (*ca–sa*): ni la sílaba *ca–* ni la sílaba *–sa* tienen significado por sí mismas. Si en la palabra *casa* cambiamos la sílaba *–sa* por *–ma,* tenemos la palabra *cama,* que es una palabra con un significado diferente.

. . . . *calor* . . . . / . . . . *dolor* . . . . / . . . . / . . . .

>| **2** | Recuerda que en la unidad 2 vimos la diferencia entre una sílaba tónica (fuerte) y una átona (suave). Lee y completa el cuadro con las siguientes palabras. Ten en cuenta que el círculo grande representa la sílaba tónica.

| ✗ feliz | ✗ conejo | ✗ marítimo | ✗ fácilmente |
| ✗ hipódromo | ✗ cómpratelo | ✗ árbol | ✗ cartón |

Reglas generales de acentuación

✗ Teniendo en cuenta la sílaba tónica, en español podemos clasificar las palabras en:

• **Agudas** → la sílaba tónica es la última . . . . oooO

• **Llanas** → la sílaba tónica es la penúltima . . . . ooOo

• **Esdrújulas** → la sílaba tónica es la antepenúltima . . . . oOoo

• **Sobresdrújulas** → la sílaba tónica es la anterior a la antepenúltima . . . . Oooo

Lee esta información sobre las reglas generales de acentuación. Escucha con atención y pon la tilde en el lugar correcto. Justifica tu respuesta.

| 70 |

Las reglas generales de acentuación

- ✗ El acento ortográfico en español se llama *tilde*.
- ✗ Las palabras agudas se acentúan si acaban en *−n*, *−s* o **vocal**: *cajón, compás, mamá*.
- ✗ Las palabras llanas se acentúan si terminan en consonantes diferentes a *−n*, o *−s*: *césped, fácil, carácter*.
- ✗ Las palabras esdrújulas y sobresdrújulas se acentúan siempre: *brújula, lámpara, médico, quítatelo, débilmente, fácilmente*.
- ✗ Los adverbios que terminan en *−mente* conservan la tilde del adjetivo del que derivan. Por ejemplo: *rápidamente* (de *rápido*).

✗ digaselo	✗ vehiculo	✗ gramatica	✗ volcan	✗ sarten
✗ simpatico	✗ catedral	✗ azucar	✗ acercamelo	✗ caravana
✗ rubi	✗ quitaselo	✗ Cantabrico	✗ Lopez	✗ facilmente

¿Qué he aprendido?

1 **Completa las frases expresando deseos.**

1. Deseo que (tú, pasar) .... un feliz día.
2. Espero que (tú, ganar) .... el oro.
3. Deseamos (ser, nosotros) .... los finalistas.
4. Quiero que (él, ir) .... a la competición.
5. Espero (poder, yo) .... llegar a la meta.
6. Aspiramos a (clasificarse) ....

2 **Escribe estas perífrasis en el lugar correspondiente:** *acabar de terminar, tener que aprovechar, empezar a trabajar, volver a ir.*

El verano pasado visité a mi amigo Pedro en Mallorca. Este año [1] .... porque [2] .... mis estudios de Medicina y en septiembre [3] .... y [4] .... el último verano.

3 **Completa las siguientes intervenciones, ofreciendo o pidiendo ayuda.**

1. ¡Qué calor hace! ....
2. ¡Cómo pesa esta mesa! ....
3. ¡No tengo bolígrafo! ....
4. Veo que no puedes hacerlo, ...

4 **Responde a las preguntas.**

1. ¿Sabías que a la selección de fútbol española la llaman *La Roja*?
2. ¿Conoces las dificultades de un deportista?
3. ¿Sabes hablar chino?
4. ¿Conoces algún deporte de agua?

5 **Reflexiona sobre tu aprendizaje. ¿Qué te resulta más o menos difícil? ¿Por qué? Marca de 1 a 5, teniendo en cuenta que 1 es lo más fácil y 5 lo más difícil.**

	1	2	3	4	5
• Comprender los audios y vídeos.	①	②	③	④	⑤
• Comprender a los hablantes nativos.	①	②	③	④	⑤
• Leer los textos del manual.	①	②	③	④	⑤
• Leer textos de revistas o libros.	①	②	③	④	⑤
• Hablar libremente sobre un tema que te interesa.	①	②	③	④	⑤
• Hablar sobre los temas del libro.	①	②	③	④	⑤
• Escribir libremente.	①	②	③	④	⑤
• Escribir según las directrices del profesor.	①	②	③	④	⑤
• Interactuar con tus compañeros.	①	②	③	④	⑤
• Interactuar con hablantes nativos.	①	②	③	④	⑤

A2

PRUEBA DE EXAMEN DEL NIVEL A2

Basada en el modelo de examen DELE[1], nivel A2

[1] **Diploma de Español como Lengua Extranjera (Instituto Cervantes).**

INTRODUCCIÓN

La realización correcta de esta prueba acredita, según el MCER (*Marco común europeo de referencia para las lenguas*) que tienes el nivel A2 y eres capaz de:

Comprender		Hablar		Escribir
Comprensión auditiva	*Comprensión de lectura*	*Interacción oral*	*Expresión oral*	*Expresión escrita*
• Comprender frases y el vocabulario más habitual sobre temas de interés personal (información personal y familiar básica, compras, lugar de residencia, empleo). • Captar la idea principal de avisos y mensajes breves, claros y sencillos.	• Leer textos breves y sencillos. • Encontrar información específica y predecible en escritos sencillos y cotidianos, como anuncios publicitarios, prospectos, menús y horarios. • Comprender cartas personales sencillas.	• Comunicarte en tareas sencillas y habituales que requieren un intercambio simple y directo de información sobre actividades y asuntos cotidianos. • Realizar intercambios sociales breves y sencillos con la ayuda del interlocutor.	• Utilizar una serie de expresiones y frases para describir con términos sencillos a tu familia y a otras personas, tus condiciones de vida, tu origen educativo y tu trabajo actual o el último que tuviste.	• Escribir notas y mensajes breves y sencillos relativos a tus necesidades inmediatas. • Escribir cartas personales sencillas.

Además, este examen, que sigue el modelo del examen **DELE[1] A2**, consta de cuatro pruebas:

- Prueba 1: Comprensión de lectura (60 minutos).
- Prueba 2: Comprensión auditiva (35 minutos).
- Prueba 3: Expresión e interacción escritas (50 minutos).
- Prueba 4: Expresión e interacción orales (15 minutos).

El tiempo indicado entre paréntesis para la realización de cada prueba es el mismo del que se dispone en el examen DELE. Además, se reproducen las instrucciones y el formato del examen oficial, para que puedas conocerlo y para que te sirva de práctica en el caso de que desees presentarte a estos exámenes para obtener el diploma.

[1] El DELE (Diploma de Español como Lengua Extranjera) es un título oficial, acreditativo del grado de competencias y dominio del idioma, que otorga el Instituto Cervantes en nombre del Ministerio de Educación de España. Más información en: http://diplomas.cervantes.es/index.jsp

PRUEBA 1. COMPRENSIÓN DE LECTURA

La prueba 1 consta de cinco tareas y dura 60 minutos.

Número de ítems: 30.

Las tareas, realizadas a partir de textos sencillos y breves de distinto carácter (narrativos, publicitarios, descriptivos e informativos –avisos, anuncios, instrucciones, folletos, cartas, comunicaciones, guías de ocio...–) y generalmente con apoyo visual, consisten en:

- comprender la información de los textos;
- identificar la idea principal o detalles concretos del texto;
- identificar información concreta de los textos;
- comprender las ideas principales del texto y los cambios de tema.

Deberá contestar a preguntas de selección múltiple, relacionar textos con frases, localizar información, etc.

> | 1 | Lea los siete enunciados y los diez textos. Seleccione el texto (A-J) que corresponde a cada enunciado (1-7). Hay once textos, incluido el ejemplo. Seleccione siete.
Ejemplo:

TEXTO Z

ENUNCIADOS	TEXTOS
0. Los domingos por la noche está cerrado.	Z
1. Tengo que ir a otra tienda.	
2. Debes conducir con cuidado.	
3. Todos tienen que ir.	
4. Necesitas tener más de 18 años para entrar.	
5. Debes comértelo en pocos días.	
6. Tendrás descuentos si te apuntas ahora.	
7. No tienes que llamar primero para ir.	

TEXTO A

BATIDO DE YOGUR COLADIL

SABOR FRESA. DESNATADO

- Conservar en el frigorífico.
- No congelar.

Consumir en tres o cuatro días.

TEXTO B

¡PRECAUCIÓN!

Debido a las obras de mejora de la calle, uno de los carriles se encuentra cerrado al tráfico.

Circule con cuidado y reduzca la velocidad.

TEXTO C

Aprovecha esta oportunidad

Si te matriculas antes del 15 de mayo, podrás disfrutar durante seis meses de un 50% menos en la cuota mensual.

¡PONTE EN FORMA!

¡Ven a nuestro gimnasio y ponte en forma **antes del verano**!

TEXTO D

CERRADO POR OBRAS

Aviso a los clientes:
Del 2 al 18 de julio este local permanecerá cerrado al público por obras.
Les seguimos atendiendo en nuestro supermercado de la calle Valladolid n.º 33.
Disculpen las molestias.

TEXTO E

CAJERO AUTOMÁTICO

Fuera del horario de oficina utilice los cajeros exteriores.

TEXTO F

Canguro

Chica universitaria se ofrece para trabajar cuidando niños: tardes de lunes a viernes, y mañana y tarde los sábados. 7€/hora.

TEXTO G

DISCOTECA TROPICANA

No se permite la entrada a menores de edad.
No está permitido fumar en todo el local.
Se reserva el derecho de admisión.
LA DIRECCIÓN.

TEXTO H

REUNIÓN DE VECINOS

Se recuerda a todos los vecinos que el próximo día 5 a las 20:00h habrá una reunión en el portal para hablar de los problemas de nuestro edificio. Asistencia obligatoria. Dudas y sugerencias durante la reunión.
Muchas gracias. El presidente.

TEXTO I

CLÍNICA DENTAL DENTRIX

TRATAMOS CUALQUIER PROBLEMA DENTAL

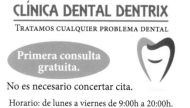

Primera consulta gratuita.

No es necesario concertar cita.

Horario: de lunes a viernes de 9:00h a 20:00h.

TEXTO J

CERRAMOS NUESTRA TIENDA POR JUBILACIÓN
Durante las próximas semanas y hasta que terminemos con todos los productos,

¡GRAN LIQUIDACIÓN POR CIERRE!

¡todo al 50%!

Tarea 2

Instrucciones

> **2** Este es el correo electrónico que Carolina ha escrito a su amiga Clara. A continuación, responda a las preguntas (8-12). Elija la respuesta correcta (A, B o C).

Fiesta de Dani

ENVIAR | DE: carol@hmail.com   PARA: clararg@hmail.com

¡Hola, Clara!

¿Qué tal todo? Espero que estés bien. Ya sé que hace mucho que no nos vemos, pero los últimos meses he estado bastante ocupada estudiando. Ayer terminé el último examen, ¡por fin! Supongo que tú ya estás recuperada de tus vacaciones por Grecia. Me tienes que contar todo el viaje y enseñarme las fotos.

Bueno, te escribo porque esta mañana he hablado con Dani y me ha dicho que quiere hacer una fiesta el sábado que viene porque ha terminado sus estudios en la universidad. Tiene una casa en el pueblo, es bastante grande y tiene un jardín enorme: hay una zona con árboles, una pista de tenis y ¡una piscina! Podemos ir por la tarde, después de comer, y quedarnos allí hasta el día siguiente. Dani quiere hacer una barbacoa en la parte de abajo por la noche. Creo que hay bastantes camas para todos, pero yo voy a llevar también un colchón inflable por si es necesario. He pensado que podíamos comprarle un regalo, pero no se me ocurre nada, ¿y a ti? Ya hablaremos.

En principio no hay que llevar nada. Dani hace la compra y después nos dice cuánto tenemos que pagar cada uno. Eso sí, estoy pensando que es buena idea decirle qué nos apetece comer y beber para no dejarle todo el trabajo a él.

David y Cristina también vienen, ¿te acuerdas de ellos? Son los amigos de Dani que conociste el verano pasado en Asturias, los chicos que habían alquilado la casa al lado de la nuestra. Vamos a aprovechar para despedir a David, que se va a vivir a Australia durante un año y medio porque su universidad le da una beca para seguir allí su investigación.

En fin, creo que no se me olvida nada. ¡Ah, sí! Díselo también a Raúl y te llamo esta semana para confirmar que venís.

Un beso muy fuerte, Carolina.

Preguntas

8 Carolina escribe a Clara para…
- ○ **a.** decirle que ha terminado sus exámenes.
- ○ **b.** invitarla a una fiesta.
- ○ **c.** preguntarle por sus vacaciones en Grecia.

9 La fiesta la organiza…
- ○ **a.** Clara.   ○ **b.** Carolina.   ○ **c.** Dani.

10 Carolina quiere ir…
- ○ **a.** por la mañana.   ○ **b.** por la noche.
- ○ **c.** por la tarde.

11 La fiesta es…
- ○ **a.** para celebrar que Dani ha terminado sus estudios.
- ○ **b.** para despedir a David.
- ○ **c.** para organizar un viaje a Australia.

12 Clara tiene que…
- ○ **a.** llamar a Carolina para confirmar que va a la fiesta.
- ○ **b.** comprar la comida y la bebida.
- ○ **c.** avisar a Raúl.

Tarea 3

Instrucciones

> **3** Usted va a leer unos anuncios de un periódico local. A continuación, responda a las preguntas (13-18). Seleccione la opción correcta (A, B o C).
> Ejemplo:

TEXTO 0

VENDO BICICLETA

Vendo bicicleta de montaña casi nueva. Está totalmente equipada y muy poco usada. Tiene un año y medio. Es para una persona de 1,75 – 1,80 m de altura. Tiene las ruedas y los frenos recién cambiados. Precio 500 € negociables. Interesados llamar al 897223467 por las tardes o escribir a vendobici@gimail.com

0 El anuncio dice que…
- ○ **a.** la bicicleta cuesta 500 €.
- ○ **b.** la bicicleta es nueva.
- ☑ **c.** el precio se puede discutir.

TEXTO 1

BUSCO INTERCAMBIO

Busco un intercambio de idiomas español-portugués. Soy un chico de 22 años, llevo estudiando portugués tres años, pero solo tres horas a la semana, así que tengo un nivel B1. Nos podemos encontrar aquí, en la escuela de idiomas. En la cafetería hay un espacio reservado para hacer intercambios.

Si hablas portugués, estudias español y quieres practicar, llámame al teléfono 667677676 por las tardes, o escríbeme un correo electrónico a juan_joao@eoi.es y vemos cuándo podemos quedar.

13 El chico propone hacer el intercambio…
- ○ **a.** en una escuela de idiomas.
- ○ **b.** en la cafetería de la esquina.
- ○ **c.** en otro lugar.

TEXTO 2

CLASES DE MATEMÁTICAS

¿Problemas con las matemáticas? ¡Llámame! Soy una profesora titulada con ocho años de experiencia. Doy clases a todas las edades y en todos los niveles, desde primaria a asignaturas universitarias de estudios de ingeniería o económicos. El precio es negociable, según nivel y horas por semana. Puedo trasladarme a domicilio o dar las clases en mi casa.

Si necesitas un refuerzo o prepararte para un examen, puedes contactar conmigo en el teléfono 890909876 o en el correo clasesdemates@giom.com

14 Las clases de matemáticas son…
- ○ **a.** en casa de la profesora.
- ○ **b.** en casa del alumno.
- ○ **c.** en casa de la profesora o del alumno.

TEXTO 3

OFERTA DE TRABAJO

Nueva empresa necesita personal. Buscamos personas entre 18 y 40 años, con ganas de trabajar y participar en un nuevo proyecto. No es necesaria experiencia. Abrimos el proceso de selección para encontrar dependientes, comerciales, jefes de tienda, administrativos, informáticos y gestores. Si estás interesado en cualquiera de estos puestos, preséntate en nuestras oficinas centrales el próximo día 2 de septiembre a las 10:00 de la mañana con tu currículum vítae.

15 Si busco trabajo de administrativo, tengo que…
- ○ **a.** ir a las oficinas con mi currículum.
- ○ **b.** enviar el currículum a las oficinas centrales.
- ○ **c.** tener experiencia en este trabajo.

TEXTO 4

MÚSICA

¿Estudias percusión? ¿Tocas la batería? ¿Te gustaría participar en un nuevo grupo? Somos cuatro, dos chicos y dos chicas, que estamos montando un grupo de pop-rock pero nos hace falta un batería. Tenemos algunas ideas y estamos trabajando en unas cuantas canciones, pero también queremos tus ideas.

De momento no tenemos local de ensayo, pero nos juntamos los martes por la tarde en el garaje del bajo. Si estás interesado en tocar con nosotros, envíanos un correo y ven a un ensayo a probar.

16 El anuncio busca…
- ○ **a.** un batería para un grupo que ya toca.
- ○ **b.** un local de ensayo.
- ○ **c.** un batería para un grupo nuevo.

TEXTO 5

APARTAMENTO

Se alquila apartamento al lado de la playa para el verano. El apartamento se encuentra en Villamar a dos minutos de la playa. Tiene dos habitaciones dobles, una con cama de matrimonio y la otra con dos camas pequeñas, un salón con sofá-cama, cocina y dos baños completos. También hay una pequeña terraza con mesa y cuatro sillas. Es un tercer piso con ascensor. Es posible alquilarlo por semanas, quincenas o meses completos. Interesados llamar al teléfono 877099066 a partir de las 20:00h.

17 El apartamento…
- ○ **a.** se alquila solo durante el verano.
- ○ **b.** es para cuatro personas máximo.
- ○ **c.** está lejos de la playa.

TEXTO 6

NATURALEZA Y DEPORTE

Este año ponte en forma y disfruta de la naturaleza. Somos un grupo de personas apasionadas por el deporte al aire libre y queremos ampliar más nuestra asociación. Organizamos excursiones de un día a la montaña tanto en bici como a pie, con diferentes niveles de dificultad y duración, así también puedes venir con los niños. No es necesario disponer de un gran equipo ni de preparación. Acércate a nuestro local y te informamos de las diferentes opciones. Te esperamos.

18 Para hacer excursiones con la asociación…
- ○ **a.** necesito tener una bicicleta.
- ○ **b.** tengo que ir al local de la asociación primero.
- ○ **c.** debo tener experiencia en la montaña.

Tarea 4

Instrucciones

4 Lea los siete enunciados y los diez textos de la programación para el mes de junio de esta asociación. A continuación, seleccione el texto (A-J) que corresponde a cada enunciado (19-24). Hay diez textos, incluido el ejemplo. Seleccione seis.

Ejemplo: 0. Habrá una profesora.

ENUNCIADOS	TEXTOS
0. Habrá una profesora.	*H*
19. Es más barato para socios.	
20. No hay que pagar.	
21. Es necesario ir bien preparado.	
22. Debo tener más de 18 años.	
23. Los niños pagan menos.	
24. Los socios no pagan.	

PROGRAMA DE ACTIVIDADES DE JUNIO

A Día 1. EXCURSIÓN

Excursión de montaña al Valle del Silencio. Duración aproximada: 8h. Salida a las 7:00h de la sede social. Autobús incluido. Es recomendable ir con un equipo adecuado, comida y agua, y estar en buena forma física. Precio 30 €.

B Día 4. CONFERENCIA

El martes 4 a las 19:00h el biólogo Jesús López Merlo ofrecerá una conferencia sobre la fauna y la flora en el salón de actos de la Biblioteca Pública. Acto gratuito.

C Día 7. ACTIVIDAD INFANTIL

Llevaremos a los niños y niñas a visitar un huerto urbano. Plantaremos tomates, lechugas y pimientos con ellos. Plazas limitadas. Es necesaria inscripción previa (antes del día 5). Actividad gratuita para socios.

D FIN DE SEMANA PLAYA

Organizamos un viaje para 55 personas a un pueblo de costa los días 8 y 9. Incluye: viaje en autobús, alojamiento en habitación doble, en régimen de media pensión. Salida el sábado a las 8:00h. Precio 120 €. Niños hasta 10 años, 60 €.

E CONCURSO DE FOTOGRAFÍA

El día 12 a las 18:00h comenzará el concurso de fotografía. Los participantes tendrán cuatro horas para conseguir una fotografía representativa a partir del tema que elegirá el jurado. A lo largo de una semana los visitantes votarán por su foto preferida y así se decidirá el ganador. El premio consiste en un viaje para dos personas. Inscripción 5 €. Socios 3 €.

F Día 15. PASEO ARQUEOLÓGICO

Emilio González Prieto ofrece un paseo guiado por la ciudad para descubrir la historia y evolución de diferentes lugares. Sin límite de plazas pero se recomienda apuntarse antes del jueves 13.

G Día 16. COCINA

A partir de las 12:00h la Asociación invita a todos los socios a participar en el encuentro gastronómico veraniego. Este año, con la participación de los cocineros de los restaurantes Chef y Tabas que, además de preparar algunos platos, nos ayudarán a mejorar nuestras recetas. Ven y prepara tu especialidad con la ayuda de profesionales.

CONTINÚA »

H Día 18. DIBUJO INFANTIL

Concurso de dibujo y pintura para niños y niñas entre 8 y 12 años. En primer lugar, a las 17:00h habrá una clase práctica a cargo de la profesora María Alonso Tascón y después los niños crearán su dibujo o cuadro. La obra ganadora se expondrá en la Asociación. Inscripción 3 €.

I Día 22. CICLOTURISMO

Excursión en bicicleta. Todos aquellos que queráis participar podéis venir. Haremos un recorrido de 45 km. Imprescindible bicicleta de montaña. La ida y la vuelta al pueblo de Matalallana, desde donde empezaremos la excursión, se hará en tren. Saldremos de las oficinas de la Asociación a las 8:00h o a las 8:20h en la estación de tren.

J Día 30. DEGUSTACIÓN

Charla-degustación de cervezas y quesos de la tierra. El viernes 30, a partir de las 20:00h, Jorge García Pelayo y Carmela Casas Allende se encargarán de enseñarnos los secretos de las cervezas artesanas. Acompañarán la degustación con quesos, también artesanos. Imprescindible inscribirse. Solo mayores de edad. Precio 4,5 €.

Tarea 5

Instrucciones

> **5** Va a leer una entrada de un blog de viajes. Lea el texto y conteste a las preguntas (25-30). Seleccione la opción correcta (A, B o C).

LAS GÓNDOLAS DE VENECIA

Originariamente, las góndolas eran el medio de transporte utilizado por los venecianos para moverse de un lado a otro de la ciudad. Las familias más ricas podían contratar a un gondolero a cambio de un salario fijo. A veces, hasta les daban a cambio alojamiento, por lo que los gondoleros mantenían una relación muy estrecha con las familias a las que servían.

En el siglo XVI, había más de 10 000 góndolas en Venecia. A partir de 1630, todas eran negras, ya que en ese año se decretó el color que debían tener todas las embarcaciones, para así acabar con las disputas que se generaban entre los nobles ricos, que "luchaban" entre ellos para tener las góndolas mejor adornadas.

Hoy en día, por las aguas de los canales de Venecia circulan unas 400 góndolas, y su construcción se realiza a mano. Están formadas por 280 piezas de madera y de elementos metálicos (las puntas de la popa y la proa). En total mide unos 11m de largo y pesa unos 400 kg. El remo está hecho de madera indonesia y mide 4,20m. ¿Y cuánto puede costar una embarcación de este tipo en el mercado? Pues unos 30 000 euros.

Hasta los años 80, la profesión de gondolero se pasaba exclusivamente de padre a hijo. Sin embargo, el ayuntamiento aprobó una nueva norma para pasar unas pruebas de selección. En primer lugar, hay que pasar un examen para entrar en la Escuela de Gondoleros. Después hay una especie de examen para elegir a los aspirantes. No obstante, de los 150 que se presentan cada año, solo 4 o 5 son seleccionados y adquieren oficialmente el título de gondoleros.

¿Hay mujeres gondoleras? Durante los 900 años de historia de las góndolas, no. Pero en el año 2009, una hija de un gondolero, Giorgia Boscolo, de 23 años, consiguió pasar las pruebas de selección, lo que provocó la indignación de muchos gondoleros que consideran este trabajo como algo exclusivo para los hombres.

Adaptado de www.adictosalosviajes.com

Preguntas

25 El texto habla de...
- ○ **a.** atracciones turísticas en Venecia.
- ○ **b.** la tradición e historia de las góndolas.
- ○ **c.** la elaboración de las góndolas.

26 Para ser gondolero...
- ○ **a.** es necesario tener un padre gondolero.
- ○ **b.** necesito ir a una escuela de gondoleros.
- ○ **c.** necesito solo estudiar y aprobar un examen.

27 Las góndolas...
- ○ **a.** siempre han sido atracciones turísticas.
- ○ **b.** eran el medio de transporte de la gente rica.
- ○ **c.** eran un medio de transporte habitual en Venecia.

28 Hoy en día...
- ○ **a.** hay más góndolas que nunca.
- ○ **b.** hay menos góndolas que antes.
- ○ **c.** hay tantas góndolas como antes.

29 El texto habla de...
- ○ **a.** la primera mujer gondolera de la historia.
- ○ **b.** la única mujer que actualmente es gondolera.
- ○ **c.** la primera mujer que intentó ser gondolera.

30 Las góndolas...
- ○ **a.** son negras porque siempre han sido de este color.
- ○ **b.** se hacen manualmente.
- ○ **c.** están adornadas y la gente compite por tener la más bonita.

≫ PRUEBA 2. COMPRENSIÓN AUDITIVA

La prueba 2 consta de cinco tareas y dura 35 minutos.

Número de ítems: 30.

Las tareas se realizan a partir de textos orales, sencillos, breves, con articulación muy clara y lenta y de distinto carácter, generalmente con apoyo visual y consisten en:

- comprender la idea general de anuncios breves de radio;
- comprender la información básica de material auditivo grabado o emitido por megafonía;
- comprender datos concretos de conversaciones telefónicas;
- comprender la idea general, la situación y los cambios de tema de conversaciones informales.

Deberá contestar a preguntas de selección múltiple, relacionar textos con frases y relacionar datos con imágenes.

Tarea 1
Instrucciones

> **1** Usted va a escuchar siete anuncios de radio. Los anuncios se repiten dos veces. Seleccione la opción correcta (A, B o C) para cada pregunta sobre los anuncios.
│71│
Ejemplo:

0 Los talleres Serva...
- ☑ **a.** no cierran a mediodía.
- ○ **b.** abren todos los días de la semana.
- ○ **c.** cierran a mediodía.

1 La tienda Electromark...
- ○ **a.** inaugura una tienda en el centro de la ciudad.
- ○ **b.** tiene descuentos solo en electrónica.
- ○ **c.** tiene ofertas durante esta semana.

2 Viajes Modelo...
- ○ **a.** ofrece solo viajes organizados.
- ○ **b.** no hace cambio de moneda.
- ○ **c.** tiene página web.

3 En la carnicería Víctor…
- ○ **a.** te llevan la compra a casa.
- ○ **b.** solo venden productos preparados.
- ○ **c.** tengo que llamar antes para hacer el pedido.

4 Perfumería Rober…
- ○ **a.** cierra su tienda.
- ○ **b.** tiene ofertas porque cambia de dirección.
- ○ **c.** hace descuentos en sus productos este y el próximo mes.

5 Para participar en las excursiones…
- ○ **a.** solo es necesario apuntarse en la sede.
- ○ **b.** debes ir todos los fines de semana.
- ○ **c.** tienes que pertenecer a la asociación.

6 En las autoescuelas Nico…
- ○ **a.** tienen una oferta este mes.
- ○ **b.** te dan el carné de conducir.
- ○ **c.** tienen algunos coches nuevos.

7 Este estudio de arquitectos…
- ○ **a.** cobra por hacer un estudio.
- ○ **b.** solo hace casas nuevas.
- ○ **c.** han cambiado de dirección.

Tarea 2
Instrucciones

> | 2 | 🔊 Va a escuchar una noticia de radio sobre un acontecimiento musical. Escuchará la noticia dos ve-
| 72 | ces. Seleccione la opción correcta (A, B o C) para cada pregunta.
Ahora tiene 25 segundos para leer las preguntas.

8 La intención de la noticia es…
- ○ **a.** hablar de un festival nuevo.
- ○ **b.** hablar del grupo Los Platillos.
- ○ **c.** hablar de la nueva edición de un festival.

9 El Picos Sound…
- ○ **a.** tiene veinte años.
- ○ **b.** se celebra cada año en un mes diferente.
- ○ **c.** es un festival nuevo.

10 Este año los conciertos…
- ○ **a.** son en diferente sitio que otros años.
- ○ **b.** son en un pequeño pueblo en la montaña.
- ○ **c.** son por primera vez en la montaña.

11 Soto es un pueblo…
- ○ **a.** que tiene siempre un helicóptero.
- ○ **b.** muy grande.
- ○ **c.** que está muy alto.

12 El grupo Los Platillos…
- ○ **a.** lleva muchos años sin tocar.
- ○ **b.** tiene dos años.
- ○ **c.** está formado por dos hermanos.

13 En el festival…
- ○ **a.** solo se escuchará rock.
- ○ **b.** habrá muchos estilos musicales.
- ○ **c.** solo tocarán grupos españoles.

Tarea 3
Instrucciones

> | 3 | 🔊 Usted va a escuchar siete mensajes. Escuchará cada mensaje dos veces. Seleccione el enunciado
| 73 | (A-J) que corresponde a cada mensaje (14-19). Hay diez enunciados, incluido el ejemplo. Seleccio-
ne seis.

Ejemplo: Mensaje 0.

MENSAJES	ENUNCIADOS
Mensaje 0	I
14. Mensaje 1	
15. Mensaje 2	
16. Mensaje 3	
17. Mensaje 4	
18. Mensaje 5	
19. Mensaje 6	

Ahora tiene 25 segundos para leer los enunciados.

ENUNCIADOS

- **A.** Puede pasar a recoger una tarjeta.
- **B.** Necesita cambiar la instalación eléctrica.
- **C.** Debe quedar con su amigo.
- **D.** La información solo está en las pantallas.
- **E.** Cierran para hacer obras.
- **F.** Han cambiado la hora de su cita.
- **G.** Van a cerrar en pocos minutos.
- **H.** Tiene que estar en casa el miércoles.
- **I.** Mañana no va a estar en la ciudad.
- **J.** Tiene que ir otro día.

Tarea 4

Instrucciones

>| **4** | 🔊 Usted va a escuchar una conversación telefónica entre la empleada del hotel Veramar y un cliente. |74| Escuchará la conversación dos veces. Lea las preguntas (20-25) y seleccione la opción correcta (A, B o C) para cada pregunta.

Preguntas

20 El hombre…
- ○ **a.** quiere una habitación para cuatro personas.
- ○ **b.** reserva una habitación para dos personas.
- ○ **c.** pide una habitación para él solo durante cuatro noches.

21 El hotel…
- ○ **a.** tiene pensión completa.
- ○ **b.** solo ofrece servicio de aparcamiento.
- ○ **c.** da desayunos.

22 La mujer dice…
- ○ **a.** que es fácil aparcar cerca del hotel.
- ○ **b.** que el hotel está en el centro.
- ○ **c.** que no necesita reservar el aparcamiento.

23 La habitación…
- ○ **a.** es para tres personas.
- ○ **b.** tiene una cama grande.
- ○ **c.** tiene dos camas.

24 El hombre pide al hotel…
- ○ **a.** hacer excursiones organizadas.
- ○ **b.** la dirección de la oficina de información.
- ○ **c.** información turística.

25 El cliente…
- ○ **a.** no ha visitado nunca la zona.
- ○ **b.** ya conoce la ciudad.
- ○ **c.** quiere visitar solo la ciudad.

Tarea 5

Instrucciones

>| **5** | 🔊 Usted va a escuchar a dos personas, María y Pedro, que se encuentran después de mucho tiempo. |75| Oirá la conversación dos veces. Seleccione la imagen (A-H) que corresponde a cada enunciado (26-30). Hay ocho imágenes. Seleccione cinco.

ENUNCIADOS	IMÁGENES
26. Lugar de la conversación.	
27. Ocupación actual de María.	
28. Ocupación de Pedro.	
29. Lugar de trabajo de Miguel.	
30. Planes de María y Pedro.	

A.

B.

C.

D.

E.

F.

G.

H.

nuevo **PRISMA** • Nivel (A2)

PRUEBA 3. EXPRESIÓN E INTERACCIÓN ESCRITAS

La prueba 3 consta de tres tareas y dura 50 minutos.

- En la primera tarea deberá rellenar un formulario, ficha, blog o foro con información personal básica.
- En la segunda tarea deberá escribir una carta, postal, nota, invitación o correo electrónico.
- En la tercera tarea deberá escribir un texto narrativo y descriptivo a partir de datos concretos (fechas, lugares, fotografías, etc.).

Tarea 1

Instrucciones

> **1** Usted ha visto un anuncio en una página web de una escuela de cocina. Escriba a la secretaría de la escuela para pedir información.
> En mensaje debe:
>   - preguntar qué tipos de cursos ofrecen;
>   - pedir información sobre horarios y precios;
>   - preguntar qué debe hacer para matricularse.
>
> Número de palabras: entre 30 y 40.

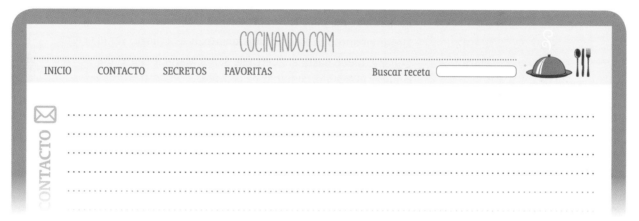

Tarea 2

Instrucciones

> **2** Usted acaba de cambiarse de casa. Escriba un correo electrónico a un amigo. En él debe:
>   - decir dónde está su nueva casa (barrio, ciudad);
>   - describir cómo es (partes de la casa, decoración, etc.);
>   - explicar por qué le gusta más que la antigua.
>
> No olvide saludar y despedirse.
> Número de palabras: entre 70 y 80.

iHola!

ENVIAR DE: mr_dg@ytz.com   PARA: sr_j@ytz.com

Tarea 3

Instrucciones

> | **3** | Le presentamos la planificación del viaje que hicieron usted y sus amigos, Raúl y Marta, el verano pasado. Escriba sobre sus vacaciones. Debe comentar:
> - qué hicieron y dónde;
> - cómo se lo pasaron;
> - qué les gustó más y por qué.
>
> Número de palabras: entre 70 y 80.

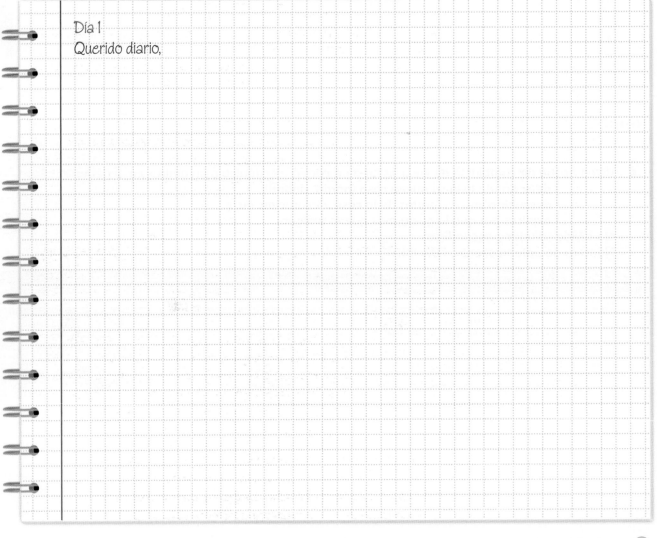

DÍA	CIUDAD	PLAN
1	GRANADA	Llegar al hotel desde el aeropuerto. Visitar el centro a pie. Ir al barrio del Albaicín a cenar.
2	GRANADA	Entrar en la Alhambra. Comer unas tapas. Cenar viendo flamenco.
3	SEVILLA	Llegar al hotel y comer. Visitar la torre de la Giralda y la catedral. Salir de tapas por el barrio de Triana.
4	SEVILLA	Ir a la Torre del Oro y a los Reales Alcázares. Comer y descansar. Pasear por los jardines del parque de María Luisa.
5	CÁDIZ	Llegar en autobús. Buscar alojamiento. Ir a la playa. Ver el centro.
6	CÁDIZ	Coger el barco hasta el Puerto de Santa María. Pasar el día allí: ir a la playa, conocer el pueblo, comer, ir de compras...
7	VUELTA	Ir hasta Sevilla en autobús. Llegar al aeropuerto. Volver a casa.

Día 1
Querido diario,

La prueba 4 consta de cuatro tareas y dura 15 minutos.

- En la primera tarea deberá hablar sobre un tema preparado antes (3-4 minutos).
- En la segunda tarea deberá describir brevemente una fotografía (2-3 minutos).
- En la tercera tarea deberá mantener una conversación formal con el entrevistador sobre la fotografía de la tarea 2 (2-3 minutos).
- En la cuarta tarea deberá mantener una conversación informal con el entrevistador para llegar a un acuerdo y tomar una decisión a partir de una situación dada (3-4 minutos).

Tarea 1
Monólogo
Instrucciones

>| **1** | Usted tiene que hablar ante el entrevistador sobre las actividades de ocio que realiza durante 3 o 4 minutos. Elija uno de los aspectos que se le proponen.

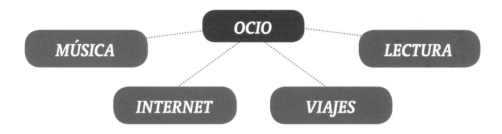

ACTIVIDADES DE OCIO - MÚSICA

- ¿Le gusta la música? ¿Qué estilo o estilos?
- ¿Dónde suele escuchar música?
- ¿Sabe tocar algún instrumento?
- ¿Cuándo escucha música?
- ¿Tiene algún grupo o intérprete favorito? ¿Cómo se llama?
- ¿Qué medios utiliza para escuchar música (ordenador, MP3...) normalmente?
- ¿Asiste con frecuencia a conciertos? ¿De qué tipo? ¿Con quién?

Estas preguntas le pueden ayudar a preparar su exposición.

ACTIVIDADES DE OCIO - INTERNET

- ¿Cuántas horas al día utiliza Internet?
- ¿Qué tipo de páginas suele visitar?
- ¿Cuáles son sus objetivos al navegar? ¿Qué busca?
- ¿Utiliza la Red como medio de comunicación?
- ¿Normalmente se informa a través de las páginas de Internet?
- ¿Tiene alguna web personal?
- ¿A través de qué medios suele conectarse a Internet? ¿En qué lugares?

Estas preguntas le pueden ayudar a preparar su exposición.

- ¿Le gusta viajar? ¿Cuándo suele hacerlo?
- ¿Cómo prefiere viajar, solo o acompañado? ¿Con quién va normalmente?
- ¿Qué tipo de viajes realiza: organizados o por su cuenta?
- ¿Le gusta planificar mucho sus viajes?
- ¿Qué hace durante sus viajes? ¿Qué busca cuando viaja?
- ¿Qué medios de transporte utiliza normalmente?

Estas preguntas le pueden ayudar a preparar su exposición.

ACTIVIDADES DE OCIO - LECTURA

- ¿Le gusta leer? ¿Por qué?
- ¿Qué tipo o tipos de libros suele leer?
- ¿Dónde suele leer? ¿Cuándo?
- ¿Cuánto tiempo dedica a la lectura? ¿Cuántos libros lee al año?
- ¿Cómo elige los libros que lee?
- ¿Tiene algún libro o autor favorito? ¿Cómo se llama? ¿Por qué le gusta?
- ¿Utiliza formatos digitales, papel o ambos?

Estas preguntas le pueden ayudar a preparar su exposición.

Tarea 2
Descripción a partir de una fotografía
Instrucciones

>| **2** | Usted debe describir una fotografía durante 2 o 3 minutos.

- Describa la fotografía: el lugar, las personas, los objetos y las acciones.
- Debe hablar sobre las características físicas de las personas y sobre su ropa o sobre las cosas que llevan.
- Usted debe hablar durante 2 o 3 minutos.

Fotografía

Tarea 3

Simulación

Instrucciones

>| **3** | Deberá dialogar con el entrevistador en una situación simulada a partir de la fotografía que ha descrito en la tarea 2 (2 o 3 minutos).

➜ **Instrucciones para la situación simulada:**
Imagine que usted está en el mostrador de una biblioteca. Quiere información sobre cómo hacerse el carné y los servicios que ofrece. Habla con el empleado.

Tarea 4

Simulación

Instrucciones

>| **4** | El entrevistador mantendrá con usted una conversación sobre un aspecto de la vida cotidiana, durante 3 o 4 minutos.

 FICHA A ENTREVISTADOR

➜ Usted está con un amigo y quieren ir a cenar. Su amigo prefiere un restaurante italiano. Usted prefiere un restaurante indio.

 FICHA B CANDIDATO

➜ Usted está con un amigo y quieren ir a cenar. Su amigo prefiere un restaurante indio. Usted prefiere un restaurante italiano.

Debe:
1. Decir a su amigo que prefiere un restaurante indio.
2. Explicar por qué prefiere el restaurante indio.

Debe:
1. Decir a su amigo que prefiere un restaurante italiano.
2. Explicar por qué prefiere el restaurante italiano.

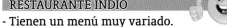

RESTAURANTE INDIO
- Tienen un menú muy variado.
- Es diferente.
- Hay un espectáculo después.

RESTAURANTE ITALIANO
- Hay muchas cosas diferentes.
- La comida es muy buena.
- Está muy cerca de casa.

RESTAURANTE ITALIANO
- Van siempre a un italiano.
- Hay menos variedad de platos.
- Hay mucha gente.

RESTAURANTE INDIO
- La comida es muy fuerte.
- Muchas cosas son picantes.
- Es más caro.

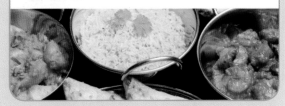

3. Llegar a un acuerdo.

3. Llegar a un acuerdo.